DER MENSCHLICHE KÖRPER

Peter Grundy

Redaktion
Simon Rogers

KNESEBECK

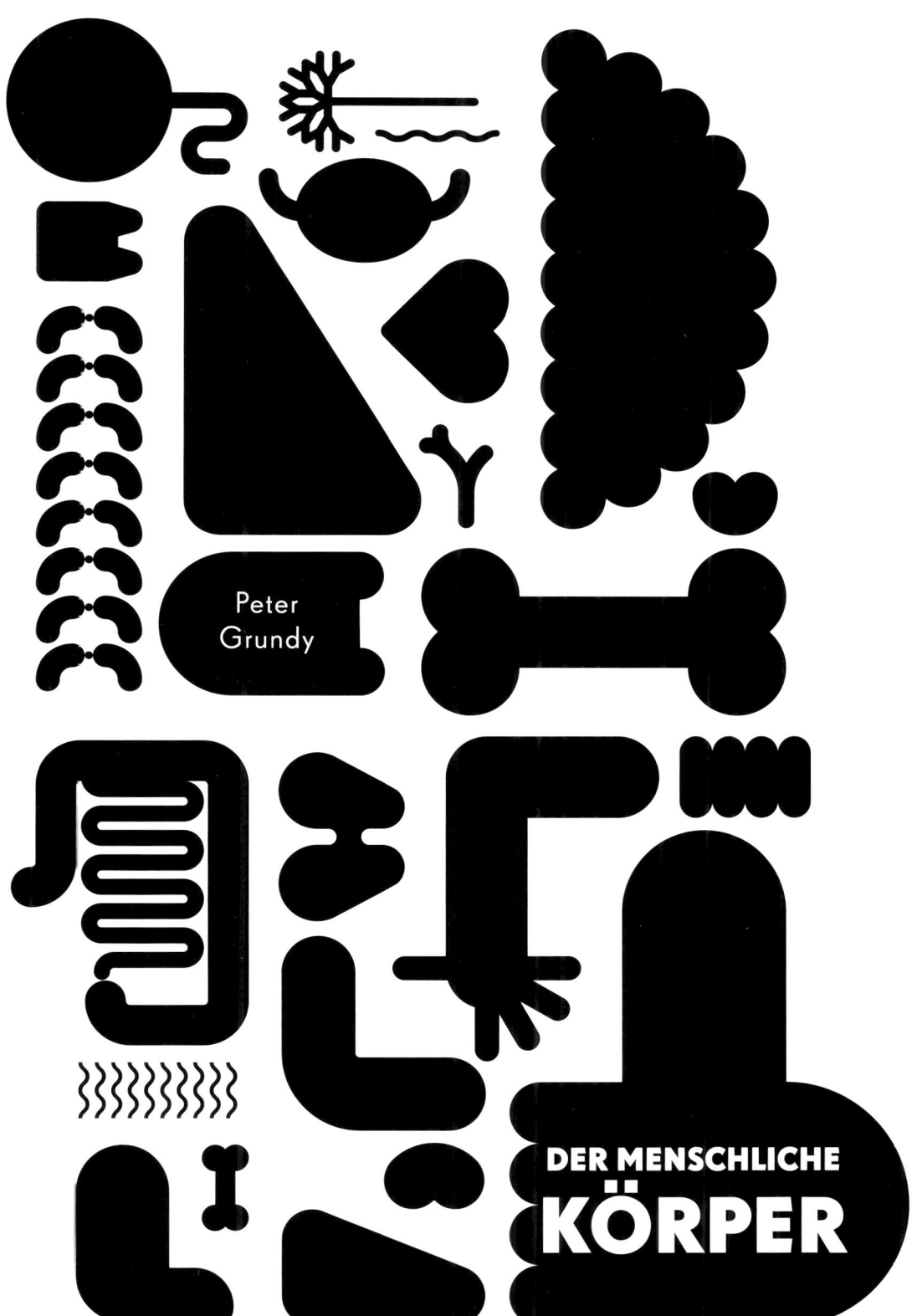

Peter Grundy

DER MENSCHLICHE
KÖRPER

EINLEITUNG

Der menschliche Körper ist ein beeindruckendes Kunstwerk der Evolution. Als Ganzes ist er so kompliziert und hoch entwickelt, dass es noch immer viel zu erforschen gibt.

Am Anfang warst du nur eine einzige Zelle, die sich mehrere Tausend Mal vervielfältigt hat. Aus diesen vielen Zellen sind die Organe, das Gewebe und alles andere entstanden. Wenn du erwachsen bist, wird dein Körper aus über 60 Billionen Zellen bestehen.

Jeden Tag vollbringt dein Körper unglaubliche Dinge, um sich am Leben zu erhalten. Und du musst nie darüber nachdenken, es funktioniert ganz automatisch! Zum Beispiel versorgt dich das Verdauungssystem wie von selbst mit Energie, und durch das Atmungssystem erhältst du immer genug Sauerstoff.

Noch viel erstaunlicher aber ist das Gehirn. Über das Nervensystem steuert es alle Vorgänge in deinem Körper. Und gleichzeitig kannst du damit denken, sprechen, träumen, Erinnerungen sammeln und dir etwas ausdenken. Die Intelligenz unterscheidet uns seit Jahrtausenden von den Tieren, und sie entwickelt sich immer weiter.

In lebendigen Bildern zeigt dir dieses Buch einige der fantastischen Dinge, die dein Körper kann. Blättere einfach weiter, um alles Wissenswerte mit einem Blick zu verstehen.

DIE SINNE

Durch die Sinne stehst du in Verbindung mit deiner Umwelt. Sie machen dich auf alles aufmerksam, was deinen Körper betreffen könnte. Die Sinne helfen dir, dich nicht zu verletzen, indem sie dich vor Gefahren warnen – zum Beispiel vor giftiger Nahrung oder heißen Flammen. Außerdem lassen sie dich Schönes sehen, riechen, schmecken und hören.

Neben den fünf Sinnen Sehen, Hören, Tasten, Riechen und Schmecken gibt es weitere wichtige Sinne. Sie dienen unter anderem dazu, das Gleichgewicht zu halten, zu laufen oder Schmerz und Temperatur zu fühlen.

Deine Sinne funktionieren alle ähnlich. Sinnesorgane wie die Augen haben speziell ausgebildete Zellen. Man nennt sie Rezeptoren. Wenn sie gereizt werden, zum Beispiel durch einen hellen Lichtstrahl, senden sie diese Information über das Nervensystem und das Rückenmark an das Gehirn. Dort wird die Information verarbeitet, und du kannst dann reagieren – in diesem Fall mit Blinzeln oder indem du die Hand über die Augen legst.

Deine Sinne helfen dir dabei, täglich Millionen solcher Entscheidungen zu treffen, meist ganz ohne dass du es merkst. Und das funktioniert so:

SINNVOLL

· ·

Welche Sinne gibt es und was
nimmst du damit wahr?

Eigenwahrnehmung wird durch Sinneszellen
(Rezeptoren) übermittelt, die dich spüren lassen, wo
sich deine Körperteile befinden. Nur so kann man
mehrere Dinge gleichzeitig tun.

Ohne Eigenwahrnehmung könntest du zum Beispiel
nicht Fahrrad fahren. Dann müsstest du nämlich
immer nachsehen, wo deine Arme und Beine sind
und könntest nicht auch noch lenken und treten.

EIGENWAHRNEHMUNG

Geschmack und
Geruch arbeiten
zusammen. Duftpartikel
kommen nicht nur
durch die Nasenlöcher,
sondern auch durch die
Mundhöhle in die Nase.

HÖREN

RIECHEN

Wenn du hungrig
bist, kannst du besser
riechen als sonst.

Du hast ungefähr 9000
Geschmacksknospen
auf der Zunge.

Im Abstand von ein
paar Wochen werden
sie ersetzt.

Deine Ohren neh-
men Schallwellen
auf und setzen
sie in Vibration
um. Diese wird
von Nerven zum
Gehirn transpor-
tiert, das sie als
Geräusch deutet.

Länge des
Hörkanals: 2,7 cm

SCHMECKEN

Dein **Tastsinn** ist sehr ungewöhnlich, denn er findet sich am ganzen Körper. Nervenenden nehmen einen Reiz auf, und das Gehirn erkennt, ob etwas rau oder glatt ist, heiß oder kalt.

Menschen haben ihre **Schmerzgrenze** für Temperatur bei 45 °C. Das ist weniger als die Hälfte der Hitze von kochendem Wasser.

TEMPERATUR

Schmerz ist wichtig, weil er deinem Körper mitteilt, dass irgend etwas ihm nicht guttut.

Jeder gesunde Mensch hält gleich viel oder wenig Schmerz aus.

TASTEN

Haut, Zunge, Rachen und Haare können fühlen.

SCHMERZ

SEHEN

Der sogenannte **Gesichtssinn** kann drei Dinge erkennen: Farbe, Raum und erinnerte Bilder.

Du kannst **sehen**, weil Licht auf die Netzhaut fällt. Der Sehnerv sendet diese Information ans Gehirn, und sie wird dort in ein Bild umgewandelt.

Durchschnittliche Zeitspanne zwischen zweimal Blinzeln: 2,8 Sekunden; Durchschnittliche Dauer: 0,1–0,4 Sekunden

GLEICHGEWICHT

Deine Muskeln, Gelenke, Augen und winzige Haarzellen im Innenohr senden Signale ans Gehirn, das dafür sorgt, dass du das **Gleichgewicht** hältst und laufen kannst.

SEHEN

IM DETAIL

16 mm

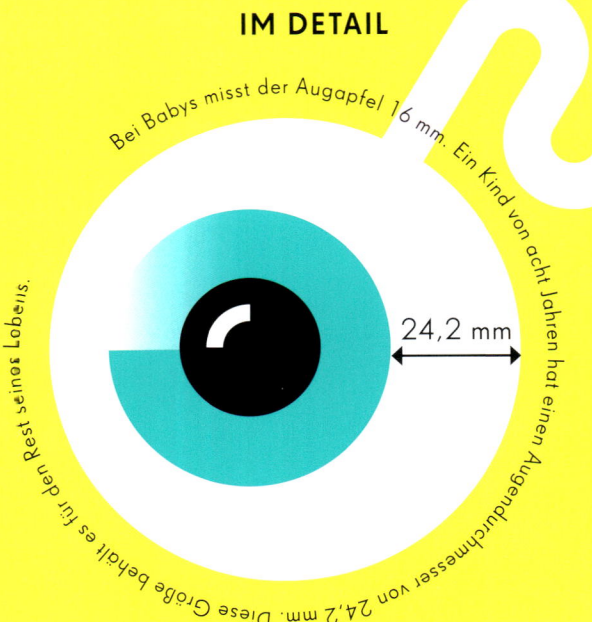

Bei Babys misst der Augapfel 16 mm. Ein Kind von acht Jahren hat einen Augendurchmesser von 24,2 mm. Diese Größe behält es für den Rest seines Lebens.

24,2 mm

DER WEG DES BILDES

Die Iris (der farbige Ring um die Pupille) kontrolliert die Lichtmenge. Entsprechend vergrößert oder verkleinert sie die Pupille. Durch die Pupille dringt das Licht zur Linse vor.

Die Linse hinter der Pupille wirft das Bild auf die Netzhaut an der Rückseite des Augapfels.

Die Netzhaut schickt die Information über den Sehnerv an das Gehirn, damit sie zum Bild verarbeitet werden kann.

AUGENBLICK

Im Alter von rund 60 Jahren werden die Augen schlechter:

• sie brauchen mehr Licht

• blendendes Licht stört sie mehr

• Dinge in der Nähe sind unscharf

• sie sehen weniger Farben

MENSCH UND HUND

KLARE SICHT

Ein Muster, das Hunde aus 6 Metern kaum erkennen können, ist für Menschen mit normaler Sehkraft aus 23 Metern gut zu sehen.

Menschen haben ein gutes räumliches Sehvermögen, weil sie vom Affen abstammen. Denn um sich von Baum zu Baum zu schwingen, müssen Affen jeden Ast ganz genau erkennen können.

HUNDEAUGE

Hunde sehen Farben anders als Menschen. Sie sind rotgrünblind und können ungefähr so viele Farben unterscheiden wie unten gezeigt.

Aber Hunde können in der Dunkelheit besser sehen, und sie erkennen genau, wenn sich etwas bewegt. Warum das so ist? Der Hund stammt vom Wolf ab, und der ging früher nachts auf die Jagd.

Farben, die Menschen sehen

Farben, die Hunde sehen

INSEKT UND MENSCH

200

Bilder pro Sekunde

24

Bilder pro Sekunde

INSEKTENAUGEN

Anders als Menschen haben Insekten Facettenaugen. Sie bestehen aus vielen Einzelaugen. Darum sehen sie alles als Mosaik.

Insekten seher viel mehr Bilder pro Sekunde als wir, deshalb sind sie so schwer zu fangen.

RUNDUMBLICK

Das menschliche Auge ist nach vorn gerichtet. Eine Fliege hat ein Sichtfeld von 360 Grad, damit sie Feinde sieht, egal woher sie kommen.

Insekten können nicht scharfstellen. Darum erkennen sie Formen nur schlecht.

TASTEN

FÜHLEN

Die Figur unten zeigt, welche Teile des Körpers am empfind-lichsten sind: Je größer die Körper-teile dargestellt sind, desto mehr Nerven-enden sind dort unter-gebracht.

ANFASSEN ZUM SCHUTZ

Der Tastsinn ist wichtig, um Temperatur, Schmerz und Druck zu spüren. Er schützt dich vor Verletzungen.

WIE FÜHLST DU?

GEFÜHLTE SIGNALE

Wenn du etwas berührst, werden Nervenzellen (Neuro-nen) gereizt. Über das Nervensystem wird das Gefühlte an das Gehirn übermittelt.

HÖREN

WIE LAUT?

Geräusche werden in Dezibel (dB) gemessen. Die meisten Menschen können bis zu 130 Dezibel gut aushalten, mehr ist schmerzhaft.

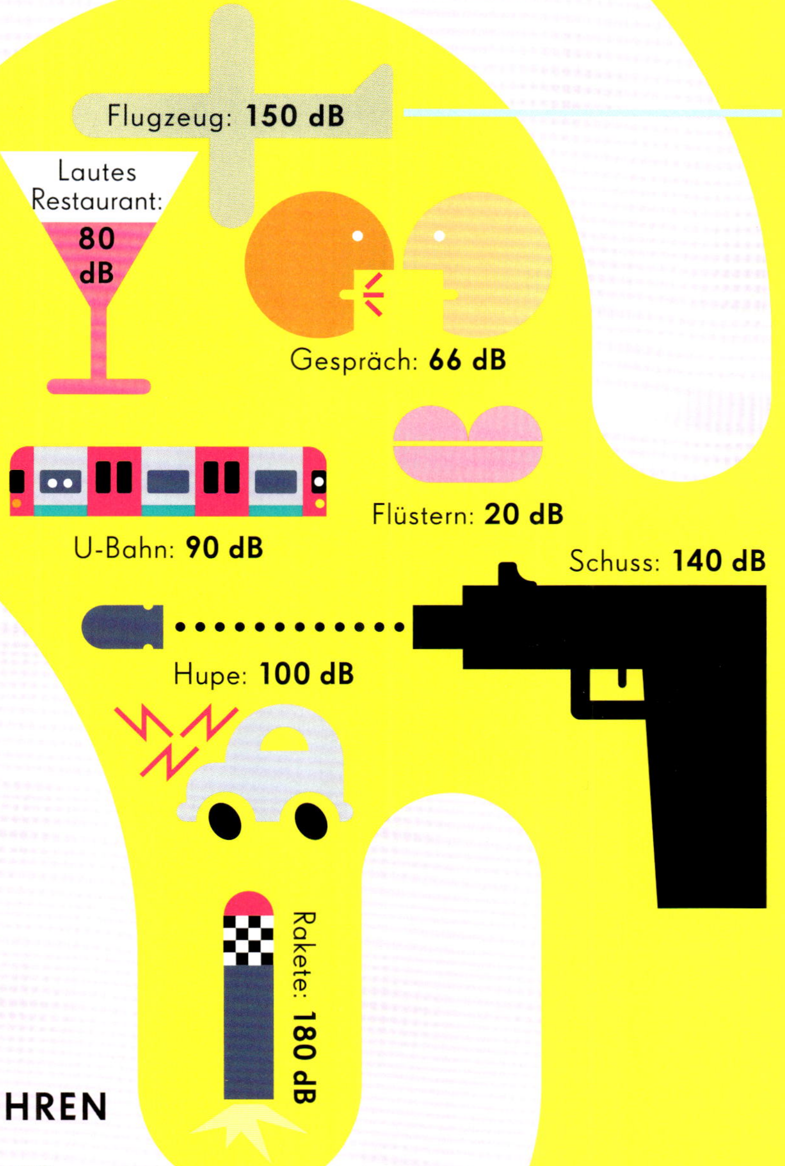

Flugzeug: **150 dB**

Lautes Restaurant: **80 dB**

Gespräch: **66 dB**

Flüstern: **20 dB**

U-Bahn: **90 dB**

Schuss: **140 dB**

Hupe: **100 dB**

Rakete: **180 dB**

GROSSE OHREN

Hört man mit größeren Ohren auch besser?

Ja, ein wenig. Große Ohren fangen mehr Schallwellen auf. Aber das Gehirn kann trotzdem nicht mehr Information verarbeiten. Man versteht also nicht mehr.

SCHMECKEN

SCHMECKT'S?

Es gibt fünf Haupt-Geschmäcker:

salzig

süß

bitter

sauer

umami

WISSENSWERTES

Anzahl der Geschmacks-knospen im Mund (Zunge, Gaumen, Rachen):	10 000
Zunge	9000
Höhe der Geschmacksknospen	50–100 μm*
Durchmesser	30–60 μm*
Anzahl der Sinneszellen pro Geschmacksknospe	50–150

GESCHMACKLOS

75% dessen, was du schmeckst, kommt über den Duft.
Wenn du Schnupfen hast, gelangt weniger Luft
durch die Nase, darum schmeckt alles anders
als sonst. Die Geschmacksmoleküle
erreichen die Geschmacks-
rezeptoren nicht.

* Ein Mikrometer ist 0,001 Millimeter lang. Das Symbol für mikro ist μ (sprich: »mü«).

RIECHEN

WEG DAMIT!

Wenn unerwünschte Eindringlinge in die Nase gelangen, musst du niesen, um sie herauszupusten. Beim Niesen wird der Luftstrom bis zu 160 Stundenkilometer schnell.

SPÜRNASEN

Tiere haben einen viel besseren Geruchssinn als der Mensch. Sie haben mehr Rezeptoren im Nasen- und Rachenraum.

Ein Bluthund hat 4000 Millionen Geruchs-Rezeptoren.

Ein normaler Hund hat 1000 Millionen Geruchs-Rezeptoren.

Ein Hase hat 100 Millionen Geruchs-Rezeptoren.

DUFTE SACHE

Deine Nase kann 10000 Düfte unterscheiden.

GERUCHS-RICHTUNG

Der Geruchssinn kann dir verraten, aus welcher Richtung ein Duft kommt.

Du hast 15 Millionen Geruchs-Sinneszellen.

NASE AN GEHIRN

Wenn Moleküle aus der Luft in die Nase gelangen, reizen sie die Rezeptoren. Diese senden über den Geruchsnerv Signale an einen Teil des Gehirns, der Riechkolben heißt.

DAS STINKT ZUM HIMMEL

Der Geruchssinn warnt dich vor Gefahren wie Raubtieren, giftiger Nahrung oder Feuer. Genauso hilft er dir dabei, einen geeigneten Partner zu finden oder genießbares Essen zu erkennen.

DIE FORTPFLANZUNG

Jedes Lebewesen muss sich fortpflanzen. Bei Menschen braucht es dafür eine Frau und einen Mann. Die weiblichen Geschlechtsorgane bringen das Ei hervor, die männlichen das Spermium. Wenn diese beiden mikroskopisch kleinen Zellen im Eileiter zusammenkommen, kann das Ei befruchtet werden und wachsen.

Aus dem befruchteten Ei entwickelt sich der Embryo, ab dem dritten Monat spricht man vom Fetus. In nur neun Monaten ist das Baby ausgereift. Der Körper des Neugeborenen besteht aus fünf Billionen Zellen.

Die Schwangerschaft ist sehr anstrengend. Darum müssen werdende Mütter viel schlafen und mehr essen als sonst. So bekommt der Fetus im Bauch alles, was er braucht.

Nach der Geburt wächst das Baby weiter. Es benötigt viel Pflege und Aufmerksamkeit. Wenn die Eltern etwas für das Baby tun sollen, weint es – und zwar sehr laut!

Selbst wenn du dich nicht daran erinnerst: Auch dein Leben hat einmal so begonnen. Schau dir genau an, wie aus dem Embryo ein Kind wird.

MANN

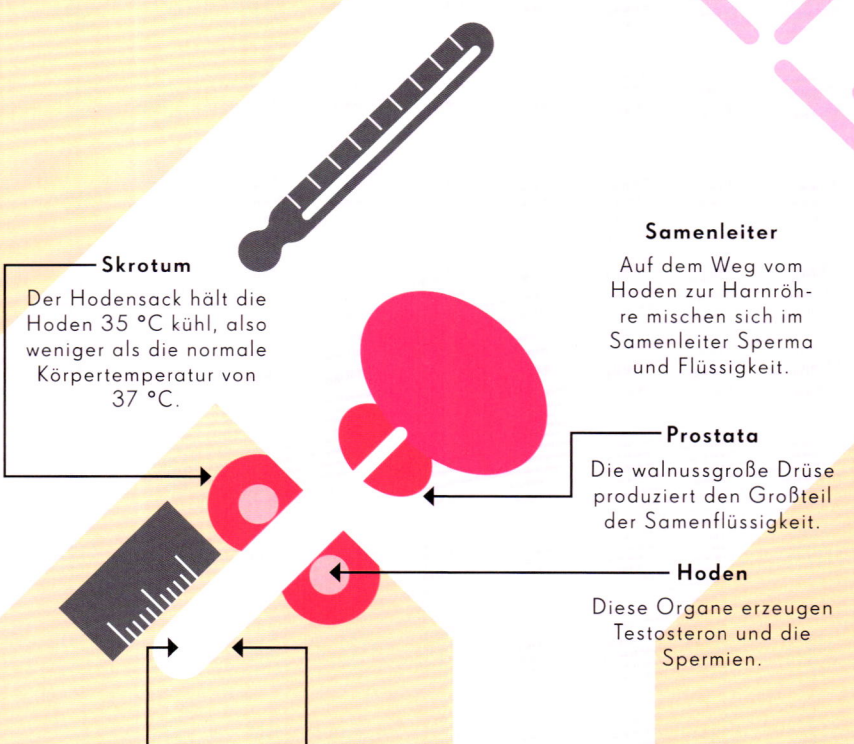

Skrotum

Der Hodensack hält die Hoden 35 °C kühl, also weniger als die normale Körpertemperatur von 37 °C.

Samenleiter

Auf dem Weg vom Hoden zur Harnröhre mischen sich im Samenleiter Sperma und Flüssigkeit.

Prostata

Die walnussgroße Drüse produziert den Großteil der Samenflüssigkeit.

Hoden

Diese Organe erzeugen Testosteron und die Spermien.

Harnröhre

Sowohl Sperma als auch Urin gelangen durch die Harnröhre nach außen – aber niemals gleichzeitig!

Penis

Dieses Organ besteht aus weichem Gewebe, das sich dehnt und zusammenzieht.

Gemessen an der Körpergröße des Menschen ist der Penis größer als bei den meisten anderen Tieren.

Jeden Tag produziert ein normaler Mann in jedem Hoden bis zu 85 Millionen Spermien.

Eileiter

Der Eileiter ist nicht dicker als ein Spaghetti. Er befördert das Ei nach der Befruchtung zur Gebärmutter.

Eierstock

Bei der Geburt enthält der Eierstock des Babys 500 000 Eier. Von der Pubertät an reift jeden Monat eines heran.

Vagina

Dieser Kanal ist 8–10 cm lang. Die Spermien schwimmen hier hindurch zum Ei. Bei der Geburt nimmt auch das Baby diesen Weg.

Gebärmutter

Der Fetus reift in der Gebärmutter heran. Dort befinden sich einige der kräftigsten Muskeln im weiblichen Körper.

Nabelschnur

Sie verbindet den Fetus mit der Plazenta. Bei der Geburt enthält dieser Schlauch rund 900 Gramm Protein – das ist so viel wie 150 Hühnereier enthalten.

Gebärmutterhals

Damit das Baby hindurchpasst, wird dieser Kanal während der Geburt 2,5 Mal so breit.

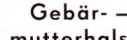

Klitoris

In der Klitoris laufen 8000 Nervenenden zusammen.

Plazenta

Dieses Gewebe versorgt das Ungeborene im Wachstum mit Sauerstoff, Nährstoffen und bis zu 3,5 Liter Wasser täglich.

Stammzellen

Diese Zellen sind in der Nabelschnur enthalten und können sich in jede Zellart entwickeln, aus der die verschiedenen Organe bestehen.

Fetus

Das Baby wächst ungefähr 9 Monate lang im Bauch der Mutter. Ab dem dritten Monat nennt man das Ungeborene Fetus.

ZEUGUNG

Ratte
14 Stunden

Maus
6 Stunden

Schaf
30 Stunden

Kuh
28–50 Stunden

Mensch
24–48 Stunden

Fledermaus
135 Stunden

1

MASSSTAB Wie groß ist ein Ei im Vergleich zu einem Spermium?

0,005 mm

0,2 mm

Wäre das Spermium so groß wie ein Mann, wäre das Ei so groß wie eine Kirche.

SIEGER Gegen wie viele Konkurrenten setzt sich das erfolgreiche Spermium durch?

Durchschnittliche Spermienanzahl pro Samenerguss

Schwein
8000 Millionen

Mensch
280 Millionen

Ratte
58 Millionen

Die menschlichen Spermien, die um eine einzige Eizelle kämpfen, sind zahlreicher als die Bevölkerung von Indonesien, einem der bevölkerungsreichsten Länder der Erde.

SPERMAGESCHWINDIGKEIT

Wie schnell bewegt sich ein Spermium fort?

Die Spermien werden mit bis zu 48,2 km/h herausgeschleudert und schwimmt dann rund 20 cm pro Sekunde, das sind 1,02 km/h.

Es dauert bis zu 68 Minuten, bis ein Spermium die Eizelle erreicht hat.

WELCHES TEMPO HAT DAS SPERMA BEI DER EJAKULATION IM VERGLEICH ZU ANDEREN FLITZERN?

	KM/H
Schmetterling	8
Pinguin	8
kleines Segelboot	33,8
Ozeandampfer	36,2
Blauhai	39,4
Aal	40,2
Usain Bolt	44,7
menschliches Sperma	48,2
Killerwal	48,2
Schwertfisch	80,5

SCHWANGERSCHAFT

APPETIT

Oft haben werdende Mütter Heißhunger auf Sachen, die sie sonst nicht zu sich nehmen. Was hat welcher Appetit zu bedeuten?

SCHOKOLADE
Extraportion Magnesium

Magnesium unterstützt den Aufbau von Gewebe beim Baby.

ROHES FLEISCH
Extraportion Protein

Die Aminosäuren, aus denen Proteine bestehen, sind die Bausteine der Körperzellen.

TRAUBENSAFT
Extraportion Eisen

Eisen unterstützt das Immunsystem.

KEINE ZIGARETTEN!
Nikotin ist schädlich für Mutter und Kind

Selbst wenn die werdende Mutter nur den Zigarettenqualm von anderen Rauchern einatmet, ist das sehr ungesund für das Ungeborene.

ZELLGRÖSSE

10 000
menschliche Zellen würden auf
einen Stecknadelkopf passen.

Menschliche Zellen sind durchschnittlich **0,00076 mm** groß.

9 394 736 842
menschliche Zellen würden auf
ein Fußballfeld passen.

ZYGOTE TAG 1

1 Zelle

EMBRYO TAG 5

100 Zellen

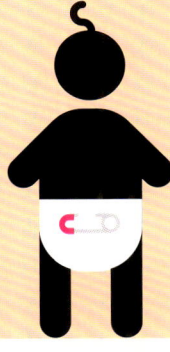

NEUGEBORENES

5 Billionen Zellen

ERWACHSENER

60–90 Billionen Zellen

GEBURT

Im Jahr 1950 unserer Zeit lebten **2,5 Milliarden** Menschen auf der Erde.

Im Jahr 1850 lebten **1,2 Milliarden** Menschen auf der Erde.

Im Jahr 1650 lebten **500 Millionen** Menschen auf der Erde.

Im Jahr 1 lebten möglicherweise **300 Millionen** Menschen auf der Erde.

DOPPELPACK

Zwillinge vor!
Im Jahr 1980 war eine von 53 Geburten in den USA eine Zwillingsgeburt.

Im Jahr 2009 war eine von 30 Geburten in den USA eine Zwillingsgeburt.

GEBURTEN IM MINUTENTAKT

Im Jahr 2011 lebten **6,2 Milliarden** Menschen auf der Erde.

Alle Menschen zusammen-gerechnet, die je auf der Erde gelebt haben: **108 Milliarden**.

GEBURTSTAGE

Dienstag	13 336	
Mittwoch	13 034	Anzahl der Geburten in den USA im Jahr 2009.
Donnerstag	12 765	
Freitag	12 364	
Montag	12 087	
Samstag	8308	
Sonntag	7298	

Dienstags werden die meisten Kinder geboren.

PÜNKTLICH

5% der Babys werden am vorher berechneten Termin geboren.

10% der Erstgeborenen kommen über zwei Wochen nach ihrem Termin zur Welt.

80% der Babys werden zwischen zwei Wochen vor und zwei Wochen nach ihrem Termin geboren.

HEUL DOCH!

· ·

WAS MEINEN BABYS, WENN SIE SCHREIEN?

»FRISCHE WINDEL, ABER SCHNELL!«
Schrill. Manche Babys wölben den Rücken und ziehen die Beine an.

»ICH BIN MÜDE!«
Beginnt mit Wimmern und steigert sich zu lautem Schreien.

»ICH WILL SCHMUSEN!«
Das Baby weint, wenn es hingelegt wird und ist ruhig, wenn man es auf den Arm nimmt.

»AUA!«
Ein plötzlicher lauter Schrei, danach lautes Weinen.

»HUNGER!«
Leises, an- und abschwellendes Weinen.

28

SCHLÄFRIG

WIE VIEL SCHLAF BRAUCHEN
KINDER IN WELCHEM ALTER?

Alter	Stunden pro Tag (ungefähr)
1–4 Wochen	15–16
z z z z z z z z z z z z z z z	
1–12 Monate	14–15
z z z z z z z z z z z z z z	
1–3 Jahre	12–14
z z z z z z z z z z z z z	
3–6 Jahre	10–12
z z z z z z z z z z z	
7–12 Jahre	10–11
z z z z z z z z z z z	
12–18 Jahre	8–9
z z z z z z z z z	

WACHSTUM

WIE LANGE BRAUCHEN
EINZELNE KÖRPERTEILE, BIS SIE
AUSGEWACHSEN SIND?

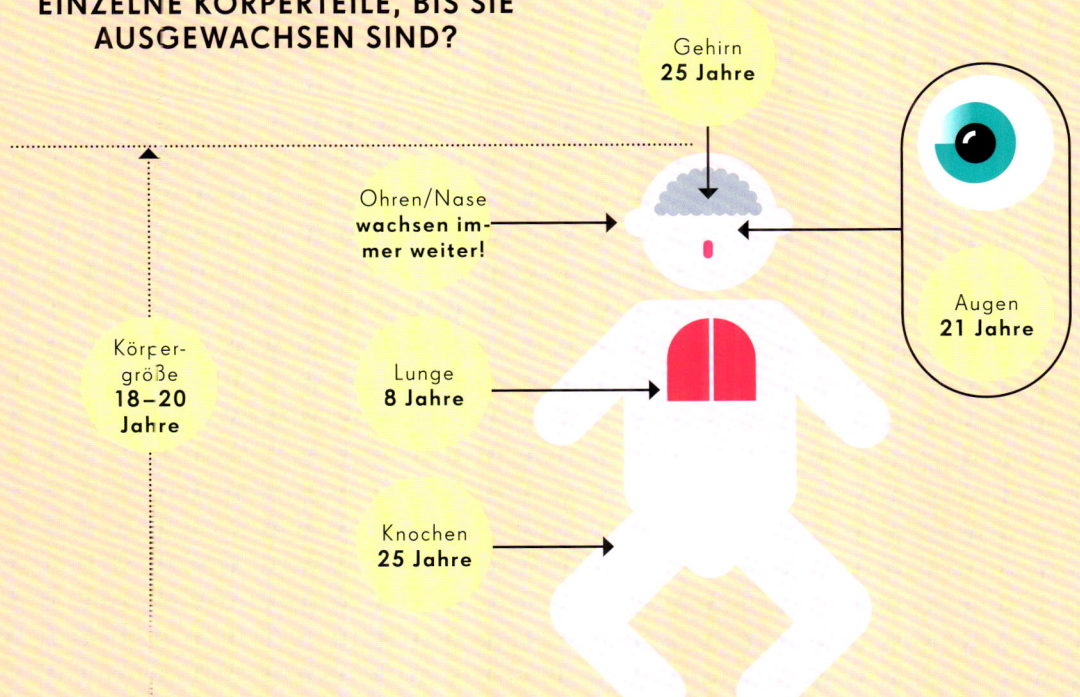

Gehirn
25 Jahre

Ohren/Nase
wachsen immer weiter!

Augen
21 Jahre

Körpergröße
18–20
Jahre

Lunge
8 Jahre

Knochen
25 Jahre

DAS HERZ

Wusstest du, dass das Herz ein Muskel ist? Es ist sogar einer der kräftigsten Muskeln in deinem Körper. Schließlich arbeitet es selbst in der Nacht, um dich am Leben zu erhalten.

Das Herz befindet sich in der Mitte des Brustkorbs und verteilt das Blut im Körper. Dies geschieht über ein verschlungenes Netz aus Venen, Arterien und Kapillaren. Zusammen mit dem Herz bildet dieses Netz den Blutkreislauf.

Dein Herz schlägt rund um die Uhr und befördert das Blut in die Lungen und von dort zu den Organen. Die Organe werden so mit Sauerstoff und wichtigen Nährstoffen versorgt. Je nachdem, wie viel dein Körper gerade verbraucht, ob du zum Beispiel Sport machst oder schläfst, schlägt das Herz schneller oder langsamer.

Schau dir an, warum das Herz bei allem, was du tust, das wichtigste Organ ist, und wie man sich davor schützt, dass es aussetzt.

VON HERZEN

Das Herz ist eines der wichtigsten Organe. Es pumpt das Blut durch deinen Körper.

BLUTSTROM

1

Dein Herz besteht aus vier Kammern, die sich mit Blut füllen.

HIN UND WEG

2

Vier Ventile steuern den Blutfluss zum Herz und aus dem Herz heraus.

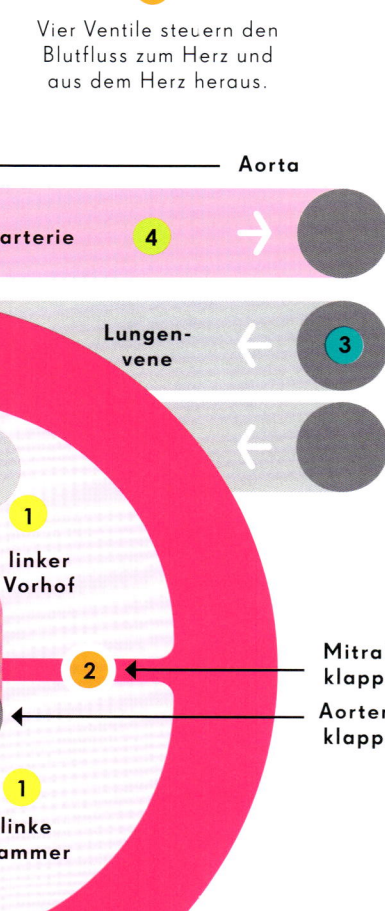

obere Hohlvene

3

4

Aorta

Lungenarterie **4**

Lungen-
vene **3**

1 rechter Vorhof

1 linker Vorhof

Trikuspidalklappe **2**

2 Mitral-klappe

Pulmonalklappe **2**

2 **2**

2 Aorten-klappe

1 rechte Kammer

1 linke Kammer

untere Hohlvene

3

ALLES IM FLUSS

3

Über Blutgefäße, die Venen heißen, gelangt das Blut ins Herz.

4

Die Blutgefäße, über die das Blut das Herz verlässt, heißen Arterien.

Ein dichtes Netz aus Blutgefäßen verbindet jeden Teil deines Körpers mit dem Herzen.

So kreist das Blut durch deinen Körper.

IM TAKT

Wenn dein Herz schlägt, ziehen sich die Kammern zusammen, um das Blut in die Blutgefäße zu drücken.

Wenn das Herz entspannt, werden die Kammern wieder größer und füllen sich mit Blut.

HERZENS-ANGELEGEN-HEITEN

HERZ IN DER HAND

Dein Herz ist ungefähr so groß wie deine Hand, wenn du sie zur Faust ballst.

GUT VERNETZT

Das Herz ist mit Venen, Arterien und Millionen kleiner Blutgefäße verbunden, den Kapillaren. Diese liefern Sauerstoff und Nährstoffe an die Zellen und transportieren Kohlenstoffdioxid und Abfallstoffe weg.

FLÄCHENDECKEND

Würde man alle Kapillaren im Körper eines Erwachsenen zusammen als Netz ausbreiten, würden sie 5000 Quadratmeter bedecken. Das sind mehr als 19 Tennisplätze.

EINS NACH DEM ANDEREN

Viele Kapillaren sind so winzig und eng, dass nur eine einzige Blutzelle hindurchpasst.

SCHWERES HERZ

Das Herz einer Frau wiegt ca. 250 g. Das Herz eines Mannes wiegt ca. 350 g.

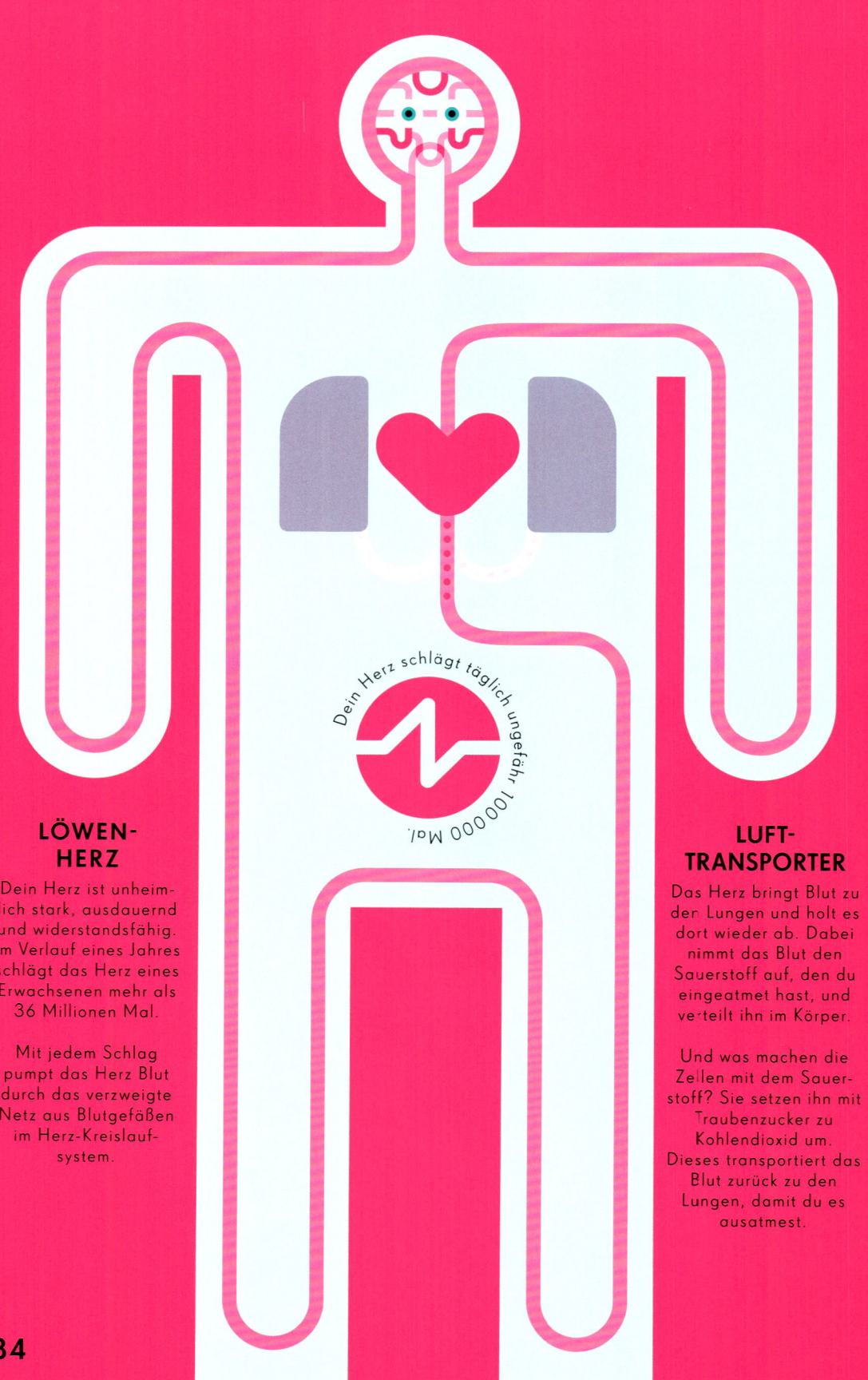

Dein Herz schlägt täglich ungefähr 100 000 Mal.

LÖWEN-HERZ

Dein Herz ist unheimlich stark, ausdauernd und widerstandsfähig. Im Verlauf eines Jahres schlägt das Herz eines Erwachsenen mehr als 36 Millionen Mal.

Mit jedem Schlag pumpt das Herz Blut durch das verzweigte Netz aus Blutgefäßen im Herz-Kreislaufsystem.

LUFT-TRANSPORTER

Das Herz bringt Blut zu der Lungen und holt es dort wieder ab. Dabei nimmt das Blut den Sauerstoff auf, den du eingeatmet hast, und verteilt ihn im Körper.

Und was machen die Zellen mit dem Sauerstoff? Sie setzen ihn mit Traubenzucker zu Kohlendioxid um. Dieses transportiert das Blut zurück zu den Lungen, damit du es ausatmest.

Dein Körper enthält ungefähr 5 Liter Blut.
Das Herz hält die Flüssigkeit ständig in Bewegung.

Mit jedem Herzschlag werden 50–100 Milliliter
Blut aus dem Herz gepumpt.

3 Minuten

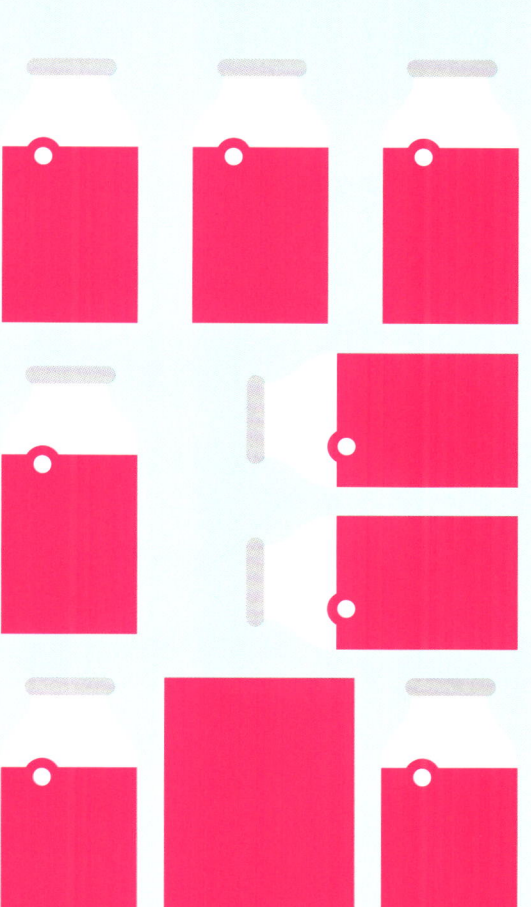

BLUTSTEMPO

Wenn man ruht, fließt
das Blut 73,7 cm in der
Sekunde durch die mitt-
lere Hirnarterie. Das ist
eine Geschwindigkeit
von 2,64 km/h.

Wenn du drei Minu-
ten lang sehr schnell
atmest, verringert sich
die Fließgeschwindig-
keit in der Hirnarterie
um die Hälfte.

JUMBO-PUMPE

In 70 Jahren schlägt
ein Herz mehr als
2 500 000 000 Mal.
Dabei pumpt es
152 000 000 Liter Blut
durch den Körper.

Das ist so viel Flüssig-
keit, dass man damit
in jedem der 70 Jahre
zehnmal den Tank einer
Boeing 747 füllen
könnte.

HERZTRAINING

Das Herz ist ein Muskel. Und wie jeder Muskel wird auch der Herzmuskel kräftiger und größer, wenn man ihn trainiert.

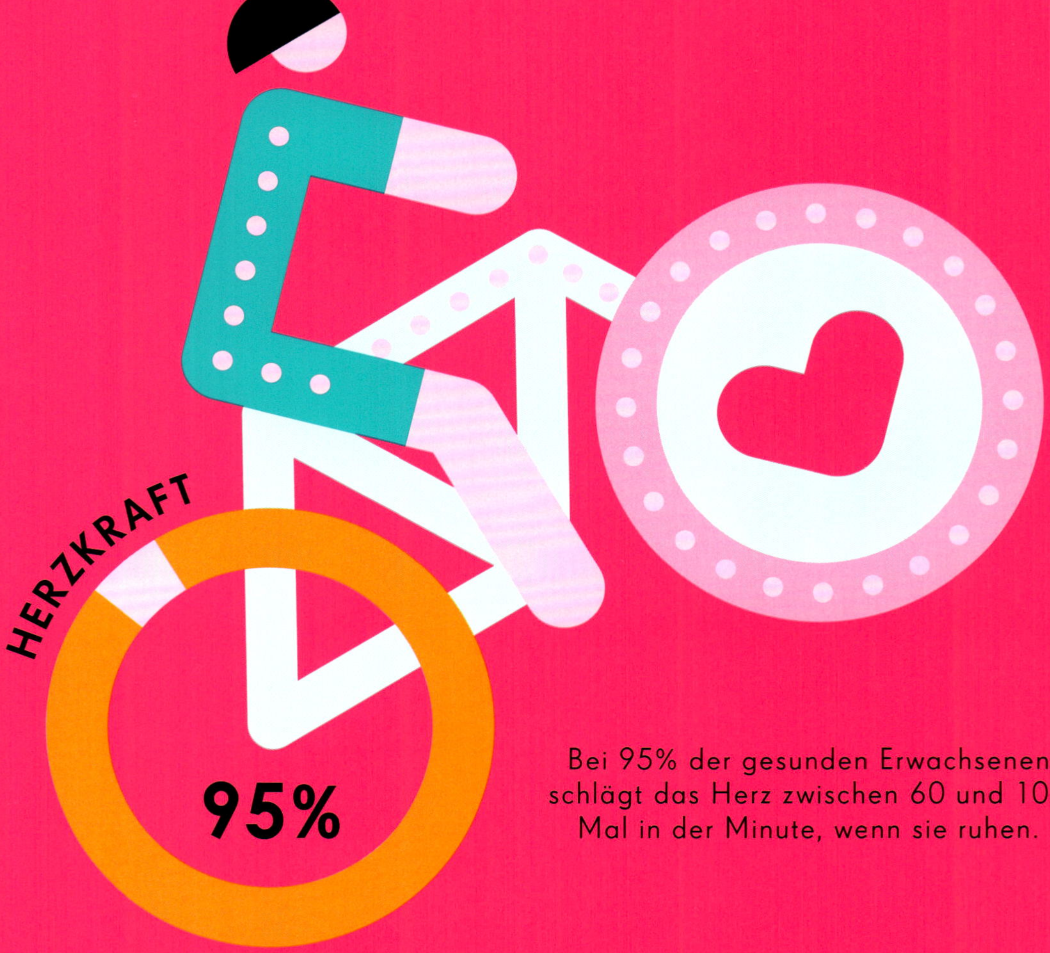

HERZKRAFT

95%

Bei 95% der gesunden Erwachsenen schlägt das Herz zwischen 60 und 100 Mal in der Minute, wenn sie ruhen.

HERZ AUF TRAB

Je kräftiger dein Herz ist, desto mehr Blut kann es mit jedem Schlag pumpen. Und wenn es stark ist, sind Bewegungen, die viel Kraft brauchen, weniger anstrengend.

Menschen, die regelmäßig Sport treiben, haben ein kräftigeres Herz. Es pumpt mehr Blut pro Schlag und schlägt daher insgesamt langsamer.

HERZGESUND
Sechs Tipps, wie man
cas Herz fit hält:

Gesund essen

Sport treiben

Blutdruck messen

Nicht rauchen

Gesundes
Körpergewicht

Wenig Alkohol

KLEINES UHRWERK

HÖR MAL! Wenn das Baby im Bauch 22 Wochen alt ist, kann man sein Herz schlagen hören.

IM GLEICHSCHRITT
Bei Kindern sind Hand und Herz gleich groß, und sie wachsen gleich schnell.

SCHLAG AUF SCHLAG
Je älter ein Kind wird, desto langsamer schlägt sein Herz. Bei einem siebenjährigen Kind schlägt es 90 Mal in der Minute. Mit 18 Jahren erreicht das Herz die normale Schlagzahl für Erwachsene: 70 Schläge pro Minute.

ERWACHSENER
50 bis 90 Schläge/min.

BABY
120 bis 140 Schläge/min.

ZEITMESSER
Das Herz entwickelt sich ab der 5. Woche der Schwangerschaft. In der 6. und 7. Woche wächst es weiter und beginnt, regelmäßig zu schlagen.

DAS GEHIRN

Das Gehirn ist das Zentrum des Nervensystems, und durch dein Gehirn bist du überhaupt du. Ohne Gehirn könntest du nicht denken, lernen, malen und basteln oder Gefühle empfinden.

Aber während du all das tust, sorgt dein Gehirn dafür, dass deine Augenlider blinzeln, deine Lungen atmen, dein Herz schlägt. Eigentlich ist es für so ziemlich alles im Körper zuständig.

Das Nervensystem bewegt Botschaften zwischen dem Gehirn und dem Rest des Körpers. Dafür schickt es Wahrnehmungen und Befehle in Lichtgeschwindigkeit hin und her.

Dieses Organ ist so kompliziert, dass Wissenschaftler noch immer dabei sind herauszufinden, was das Gehirn kann und wie es arbeitet. Manche Forscher beschreiben das Gehirn als »das Komplizierteste, das wir in unserem Universum bislang entdeckt haben«.

HIRNKASTEN

Das Gehirn besteht aus vielen Teilen. Sie alle haben verschiedene Aufgaben. Dies sind einige der wichtigsten Bereiche.

SCHÄDEL

1

Beschützt wird das Gehirn durch den Schädel. Er besteht aus 22 zusammengewachsenen Knochen.

GROSSHIRN-RINDE

2

Sorgt unter anderem für die Fähigkeit, sich zu erinnern, sein Umfeld zu verstehen, zu denken und zu sprechen.

NACHHIRN

3

Kümmert sich um Blutdruck und Puls, spielt außerdem eine wichtige Rolle bei Gefühlen.

THALAMUS

4

Ist für die Sinneswahrnehmungen zuständig.

SCHEITELLAPPEN

5

Damit versteht man zum Beispiel Zahlen, Schrift und Landkarten.

HYPOTHALAMUS

6

Regelt viele Dinge, darunter Körpertemperatur, Hungergefühl, Durst und Schlaf.

FRONTALLAPPEN

7

Hier stehen Charakter und Persönlichkeit im Vordergrund. Zuständig für Entscheidungen und das Erkennen von Unterschieden.

RIECHKOLBEN

8

Verarbeitet die Information, die von der Nase ans Gehirn geschickt wird. Hier werden Geruch und Geschmack erkannt.

GEHIRN-RÜCKENMARKS-FLÜSSIGKEIT

9

Im Schädel schwimmt das Gehirn in Flüssigkeit, die Entzündungen abhält und auch als Polster gegen Erschütterungen dient.

HIPPOCAMPUS

10

Hier liegt das Gedächtnis.

KLEINHIRN

11

Verantwortlich für Gleichgewicht und Körperbewegung.

HIRNSTAMM

12

Alle Botschaften, die zwischen Körper und Gehirn ausgetauscht werden, kommen durch den Hirnstamm.

GANZ FIX

Wenn eine Biene auf deinem Fuß landet, senden die Nerven auf der Haut diese Information mit einer Geschwindigkeit von 241 km/h durchs Rückenmark ans Gehirn.

Das Gehirn setzt dann Bewegungsneuronen ein. Die Botschaft, die nun durchs Rückenmark flitzt, lautet: »Abschütteln!« Die Bewegungsneuronen können ihre Information mit 322 km/h transportieren.

LUFTIKUS

Die grauen Zellen verbrauchen 94% des Sauerstoffs im Gehirn.

94%

PLATZ DA

Ungefähr 40% des Gehirns bestehen aus grauen Zellen.

40%

GRAUZONE

Graue Zellen sind der Teil des Gehirns, der von Nerven im ganzen Körper angesteuert wird. Du brauchst sie für:

Muskelbewegung

Sinneswahrnehmung

Sehen

Hören

Gedächtnis

NERVEN SYSTEM

NERVIG!

Das Nervensystem besteht aus Millionen von Neuronen, die über den ganzen Körper verteilt sind.

Durch das Rückenmark schicken die Nerven Botschaften zwischen Körper und Gehirn hin und her.

Sprechen

43

ALLES IM KOPF

Im Gehirn hat auch dein Denken seinen Platz. Es macht dich einzigartig. Deine Gedanken sind anders als die aller anderen Menschen. Außerdem verstehst du durch Denken, was um dich herum geschieht.

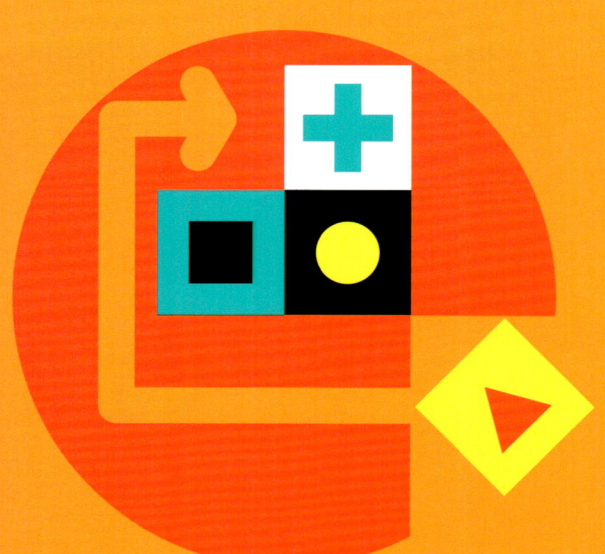

VERSTAND

Mit dem Verstand begreifst du die Welt. Er hilft dir, Fragen zu lösen, Grünce zu verstehen und Entscheidungen zu treffen.

GEDÄCHTNIS

Mithilfe des Gedächtnisses bist du imstande, Wissen und Erlebnisse zu speichern und wieder abzurufen – es ist dein persönliches Archiv.

BEWUSSTSEIN
Durch das Bewusstsein kannst du
überhaupt Gefühle empfinden und
eine Verbindung zu den Menschen und
Dingen um dich herum herstellen.

ICH

FANTASIE
Mit der Fantasie denkst du dir Bilder
und Ideen aus. Sie braucht dafür
keine Reize wie die Sinne, sondern sie
arbeitet ganz von selbst.

GROSS IM DENKEN

BABY-HIRN
Schon mit 16 Tagen sind beim Ungeborenen Gehirnzellen zu erkennen.

SINNVOLL
Als Erstes entwickelt sich der Tastsinn. Das Ungeborene reagiert schon mit acht Wochen auf Berührungen der Lippen und Wangen. Andere Körperteile spürt es mit 14 Wochen.

Schmecken kann das Baby im Bauch wahrscheinlich schon mit 12 Wochen, und mit 22–24 Wochen fängt es an zu hören.

FIX UND FERTIG
Die Zellen im Gehirn (Neuronen) sind zuständig für die Übermittlung von Reizen. Bei der Geburt hat das Baby 100 Milliarden Neuronen. Das ist fast die Menge, die der Mensch sein Leben lang braucht.

ZUWACHS

Das Gehirn wächst einige Jahre nach der Geburt weiter. Nach zwei Jahren hat das Kindergehirn rund 80% der Größe des Erwachsenengehirns.

LEBENSBAUM

Beim Wachsen entwickelt das Gehirn ein Geflecht aus Synapsen. Das sind Verbindungen zwischen den Neuronen im Gehirn. Besonders in der frühen Kindheit nimmt die Zahl der Synapsen sehr schnell zu.

VERBINDUNG VERLOREN

Ein dreijähriges Kind hat doppelt so viele Synapsen wie ein Erwachsener. Darum lernen kleine Kinder so viel in kurzer Zeit. Synapsen, die nicht regelmäßig gebraucht werden, gehen wieder verloren.

KRAFTSCHLAF

Während du schläfst, hat der Körper Zeit, zu wachsen und gesund zu werden.

SCHLAFBEDARF

Wenn man älter wird, wächst der Körper nicht mehr so schnell. Darum braucht man dann auch weniger Schlaf.

NEUGEBORENES
15–16 Stunden

BABY
14–15 Stunden

KLEINKIND
12–14 Stunden

KIND
10–11 Stunden

TEENAGER
8,5–9,25 Stunden

ERWACHSENER
7–9 Stunden

ANGSTSCHLAF

Im Schlaf empfinden wir häufig Angst. Vielleicht liegt das daran, dass der Gehirnteil, der sich mit Sorgen beschäftigt, dann aktiv ist.

VERGISS ES

Rund 95% unserer Träume vergessen wir. Das Gedächtnis ist im Schlaf nicht aktiv, womöglich ist das der Grund.

SCHWARZ SEHEN

Ungefähr 80% der Menschen träumen in Farbe. Manche träumen allerdings in Schwarz-Weiß. Das liegt oft daran, dass sie als Kinder Schwarz-Weiß-Fernsehen geschaut haben.

TRÄUM WEITER

Träume haben wir in der sogenannten REM-Phase. In dieser Zeit sind die Bereiche des Gehirns aktiv, die mit Fantasie, Kreativität und Angst zu tun haben. Darum sind Träume oft erschreckend und aufregend.

ABTAUCHEN

Im Schlaf geht dein Gehirn in einen unbewussten Zustand über. Dadurch merkst du wenig davon, was um dich herum geschieht, und du kannst dich ausruhen.

FÜNFERREIHE

Die meisten Menschen haben 3–5 Träume pro Nacht.

VERDAUUNG

Jeder mag gutes Essen, und die Mahlzeiten gehören zu den wichtigsten Momenten des Tages. Das Verdauungssystem ist ein ausgeklügeltes System. Es entnimmt der Nahrung die Energie und Nährstoffe, die der Körper braucht.

Für alles, was du tust, benötigst du die Energie, die Essen und Getränke enthalten. Unterschiedliche Lebensmittel liefern verschiedene Nährstoffe, die du brauchst, um gesund zu bleiben. Darum ist es wichtig, einen abwechslungsreichen Speiseplan aus verschiedenen Arten von Nahrungsmitteln zusammenzustellen.

Wer zu wenig isst, dem fehlen wichtige Nährstoffe. Wenn man aber zu viel isst, speichert der Körper die überschüssigen Kalorien als Fett. Das kann zu Übergewicht und Gesundheitsschäden führen. In den reichen Ländern, in denen es genügend zu essen gibt, ist Übergewicht immer weiter verbreitet. Aber wenn du dich gut ernährst und dich viel bewegst, hast du bestimmt immer das richtige Gewicht.

Schau dir an, wie das Verdauungssystem in deinem Bauch funktioniert, und lies die Tipps dazu, wie du dich richtig ernährst.

DER WEG DES ESSENS

Hast du dich schon einmal gefragt, was eigentlich passiert, wenn du isst? Hier nehmen wir das unter die Lupe.

ZERKLEINERT

Fast alles, was du isst und trinkst, enthält Nährstoffe. Diese sorgen dafür, dass dein Körper gut funktioniert. Die Nährstoffe gelangen über das Blut zu den Organen. Aber vorher müssen sie in kleine Moleküle zerlegt werden. Das erledigt dein Verdauungssystem, und zwar Stück für Stück.

MUND

Im Mund wird die Nahrung zerkaut, damit sie bei der Verdauung leichter verarbeitet werden kann. Hier beginnt die Verdauung des Zuckers.

MAGEN

Der Magen produziert rund 1,5 Liter Magensaft am Tag. Diese Flüssigkeit zerkleinert die Nahrung noch weiter und macht sie zu einem Brei.

DÜNNDARM

Die Nahrung bleibt bis zu vier Stunden im Dünndarm. Dabei werden Fette, Proteine und Kohlenhydrate aus dem Speisebrei aufgenommen.

DICKDARM

Im Dickdarm angelangt, enthält die Nahrung kaum noch Nährstoffe. Was jetzt bleibt, ist nur noch eine wässrige Masse.

KEHLDECKEL/ RACHEN

Feste und flüssige Nahrung gelangen durch den Rachen in die Speiseröhre.

Der Kehldeckel an der Zungenwurzel verhindert, dass Nahrung in die Luftröhre gelangt.

Die Innenwand des Magens ist von der Magenschleimhaut bedeckt. Hier entstehen Verdauungsenzyme.

Enzyme helfen bei der Zerlegung der Nahrung. Das Enzym Pepsin spaltet die Proteine. Salzsäure tötet Krankheitserreger.

Die Dünndarmwand neutralisiert die Magensäure und produziert weitere Verdauungsenzyme. Die aufgenommenen Bestandteile gehen von hier in die Leber.

Der Dickdarm nimmt fast das gesamte Wasser auf und mischt die Ballaststoffe mit Bakterien. Die verarbeiten den Rest zu Kot, der ausgeschieden wird.

ZÄHNE

Die Schneidezähne sind so geformt, dass du damit kleine Happen abbeißen kannst. Die eher stumpfen Backenzähne zermahlen die Nahrung.

ZUNGE

Mit der Zunge prüfst du den Geschmack der Nahrung. Wenn etwas schlecht schmeckt, kann das bedeuten, dass es ungesunde Bakterien enthält.

GALLENBLASE

Die Gallenblase ist mit Galle gefüllt. Diese Flüssigkeit trägt dazu bei, dass Fette in den Blutkreislauf gelangen.

MASTDARM UND AFTER

Im Mastdarm bleibt der Kot, bis er über den After ausgeschieden werden kann.

SPEICHELDRÜSEN

Hier wird der Speichel produziert, wodurch das Zerkaute weich und so leichter zu schlucken ist. Er enthält auch Verdauungsenzyme.

SPEISERÖHRE

Hier ziehen sich Muskeln zusammen, die die Nahrung in den Magen hinunterdrücken. Das dauert ungefähr 10 Sekunden.

LEBER

Die Leber produziert Galle. Das Blut mit den Nährstoffen wird hier gefiltert, Unbrauchbares und Gefährliches wird aussortiert.

BAUCH-SPEICHELDRÜSE

Hier entstehen Enzyme zur Verdauung und die Hormone Insulin und Glucagon. Sie regulieren den Zucker im Blut.

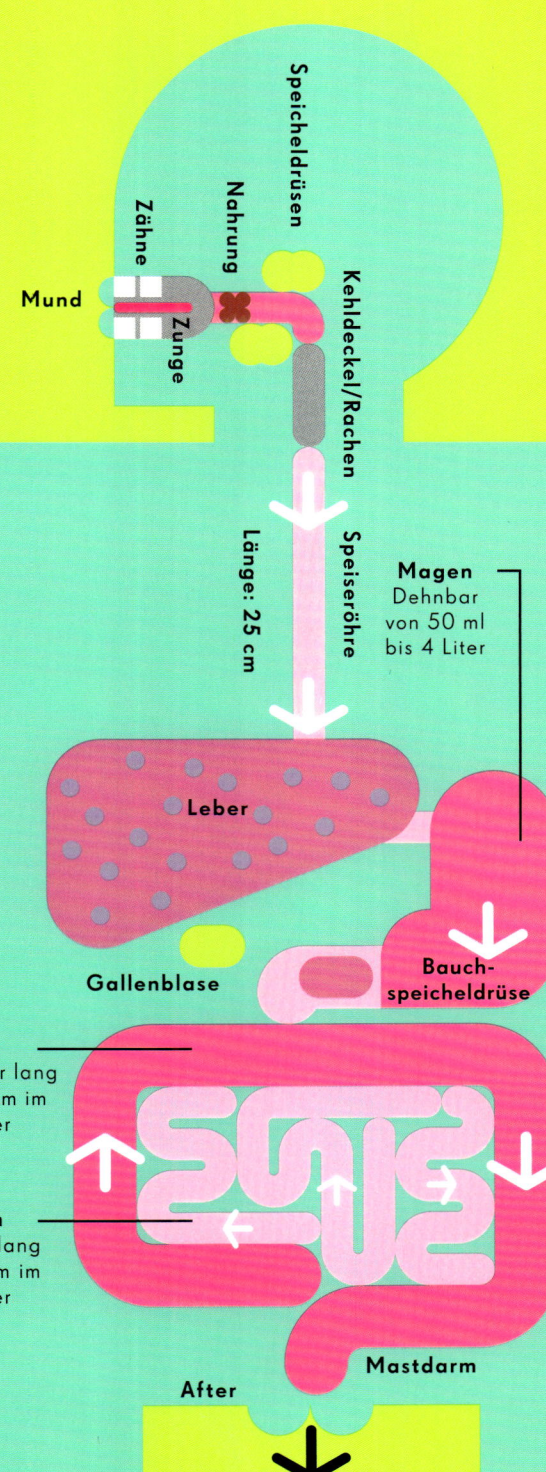

Speicheldrüsen

Nahrung

Zähne

Mund

Zunge

Kehldeckel/Rachen

Speiseröhre

Länge: 25 cm

Magen
Dehnbar
von 50 ml
bis 4 Liter

Leber

Gallenblase

**Bauch-
speicheldrüse**

Dickdarm
etwa 1,50 Meter lang
und bis zu 10 cm im
Durchmesser

Dünndarm
3 bis 6 Meter lang
und bis zu 4 cm im
Durchmesser

Mastdarm

After

HUNGER!

Wenn du länger nichts
gegessen hast, hast du
möglicherweise zu
wenig Zucker im Blut.
Dann wird ein Hormon
frei, das die
Magenwand sich
zusammenziehen lässt.
Dann spürst du Hunger.

Besonders heftige und
schmerzhafte
Hungergefühle nennt
man Hungerattacke.

MUNDABWÄRTS

Die Nahrung braucht
24–36 Stunden, um
durch den Magen-
Darm-Trakt zu wandern.

NAHRHAFT UND LECKER

Gutes Essen schmeckt nicht nur gut. Vor allem brauchen wir es, damit wir uns gesund und voller Energie fühlen.

Wir können Energie in Form unterschiedlicher Nährstoffe aufnehmen.

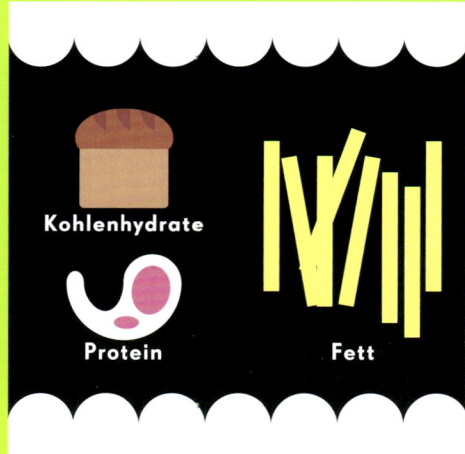

MAKRONÄHRSTOFFE

Kohlehydrate, Proteine und Fette sind Makronährstoffe. Von diesen braucht dein Körper recht viele, um zu funktionieren.

Sie finden sich in Lebensmitteln, die viel Zucker, Fett und Stärke enthalten. Der Körper wandelt die darin gespeicherte Energie um und verwendet sie zum Beispiel für das Wachstum, für die Heilung und um in Bewegung zu bleiben und nicht zu frieren.

WICHTIGE KALORIEN

Jedes Nahrungsmittel hat eine bestimmte Menge an Kalorien. In Kalorien misst man die Energie, die Nahrung enthält. Je mehr du dich bewegst, desto mehr Kalorien verbraucht dein Körper.

Das Verbrennen der Kalorien bemerkst du nicht. Alle Organe brauchen Energie: das Herz, um zu schlagen, die Lungen, um zu atmen. Auch alle anderen Organe verbrennen Kalorien.

Durchschnittlich verbrauchen erwachsene Frauen rund 2000 Kalorien pro Tag, ein erwachsener Mann ungefähr 2500 Kalorien.

Kinder brauchen weniger Kalorien, weil ihre Körper kleiner sind.

Sportler, die viel trainieren, brauchen sehr viel mehr Kalorien.

KALORIENABBAU

Kalorien, die du isst, aber nicht verbrauchst, behält der Körper als Fettreserve. Wenn häufig Energie übrig bleibt, nimmt man zu. Aber wenn du normal viel isst und dich oft bewegst, ist dein Körpergewicht in Ordnung, und du brauchst gar nicht darüber nachzudenken.

UNTERERNÄHRUNG

Wenn der Körper längere Zeit zu wenig Kalorien bekommt, ist er unterernährt. Viele Kinder bekommen zu wenig zu essen, weil sie in Armut leben. Sie leiden an Unterernährung.

Unterernährung ist ein ernstes Problem, denn man wird davon krank. Viele Menschen auf der Welt haben zu wenig zu essen: Jeder Siebte leidet Hunger.

Zu Unterernährung kommt es aber auch, wenn man nicht genügend unterschiedliche Dinge zu sich nimmt. Abwechslungsreiche und nährstoffreiche Ernährung hält gesund.

MIKRONÄHRSTOFFE

Vitamine und Mineralien sind Mikronährstoffe. Sie liefern keine Energie, und dein Körper benötigt sie nur in ziemlich geringen Mengen, aber sie sind unverzichtbar, um gesund zu bleiben.

Man braucht verschiedene Vitamine und Mineralien. Damit der Körper genügend von allem bekommt, musst du viele verschiedene Dinge essen, vor allem Obst, Gemüse, Getreide und Hülsenfrüchte.

Vitamine
Mineralien

MAGISCHE MINERALIEN

In deinem Körper finden sich dieselben Mineralien, die auch im Erdboden vorkommen. Zum Beispiel Eisen, Zink, Calcium und Kupfer. Von allem benötigst du ein winziges bisschen, damit alles funktioniert: Nerven, Herz, Hormone, Immunsystem und so weiter.

LEBENSWICHTIGE VITAMINE

Manche Vitamine sind wasserlöslich und gelangen schnell in die Blutbahn. Andere werden im Fett gespeichert, bis du sie brauchst, vor allem in der Leber. Auf welche Weise sind die Vitamine nützlich für deinen Körper? Hier sind ein paar Beispiele:

VITAMIN A ist gut für die Augen.

B-VITAMINE sind unter anderem gut für die Haut.

VITAMIN C stärkt die Abwehrkräfte.

VITAMIN D ist gut für Zähne und Knochen.

VITAMIN E unterstützt die roten Blutkörperchen.

VITAMIN K ist wichtig für die Blutgerinnung und die Bildung von Wundschorf.

AUSSERDEM WICHTIG

Wasser   Ballaststoffe

WUNDERBARES WASSER

Es ist lebensnotwendig, jeden Tag genug Wasser zu trinken. Muskeln und Haut brauchen Wasser, genau wie Nieren und andere innere Organe.

Man kann Wasser trinken, aber auch Essen enthält Wasser, vor allem Obst und Gemüse.

BESTER BALLAST

Ballaststoffe enthalten keine Nährstoffe, aber sie sind wichtig, damit die Nahrung ohne Probleme durch den Verdauungstrakt reisen kann.

Viele Nahrungsmittel liefern Ballaststoffe: Müsli, Vollkornbrot, Bohnen, Linsen, Obst und Gemüse.

LIEBER RAUS ALS REIN

Nicht alles, was du isst, ist auch nützlich oder gut für dich. Darum hat der Körper eine Reihe von Wegen, Schlechtes schnell loszuwerden.

AUSGESCHIEDEN

Über den Anus entsorgt der Körper alles, was während der Verdauung nicht verwertet wurde. Was übrig bleibt, wird als Kot ausgeschieden (man nennt ihn auch Stuhl oder Faeces).

Kot besteht zu 75% aus Wasser und zu 25% aus festen Bestandteilen.

Die festen Bestandteile sind vor allem tote Bakterien, unverdauliche Ballaststoffe, Stärke, Cholesterin und andere Fette sowie Stoffe, die der Körper nur zur Verdauung braucht.

BRISTOL-STUHLFORMEN-SKALA

Für Ärzte gibt es eine Tabelle mit den verschiedenen Kotformen. An der Form können sie oft schon erkennen, ob jemand gesund ist.

NORMALFALL
Idealerweise ist Kot wurstförmig mit Rissen oder glatt und weich. So ist er leicht auszuscheiden, und der Körper gibt nicht zu viel Wasser ab.

STOLPERSTEINE
Feste Klümpchen können bedeuten, dass die Verdauung zu langsam ist. Man nennt das Verstopfung.

SCHLAMMIG
Eine sehr weiche, flüssige Masse entsteht bei Durchfall. Dann geht die Verdauung zu schnell und der Körper nimmt keine Nährstoffe auf.

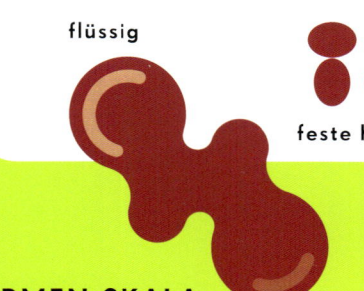

flüssig

feste Klümpchen

weiche Klümpchen

wurstförmig und weich

wurstförmig mit Rissen

weich und glatt

unförmig und weich

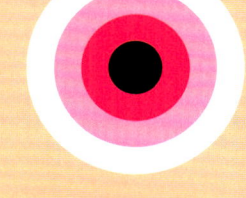

ALLES SAUBER

Die Nieren reinigen das Blut. Über den Harn (Urin) transportieren sie kleinste Abfallprodukte und überflüssiges Wasser ab.

SPUCKEN RETTET LEBEN

Durch Erbrechen befreit sich der Körper von Nahrung, die der Magen nicht verträgt.

Es ist zwar richtig unangenehm, aber es ist gut, wenn man sich übergibt. Denn das bedeutet, dass schädliche Stoffe nicht in den Körper gelangen, weil sie gar nicht erst verdaut werden.

WASSER-HALTIG

Urin besteht zu 95% aus Wasser, je nachdem, wie viel man getrunken und ausgeschwitzt hat.

GEBEN UND NEHMEN

Beim Erbrechen verliert der Körper viel Flüssigkeit, Salze und Mineralien. Darum musst du genug trinken und bald wieder etwas essen, wenn du dich übergeben hast.

WANNE VOLL

Ein Erwachsener gibt ungefähr 2 Liter Urin am Tag ab. Im Laufe des Lebens kommen so 385 gefüllte Badewannen* zusammen.

SCHUTZHÜLLE

Kurz bevor man sich übergeben muss, schießt jede Menge Speichel in den Mund. Er schützt die Zähne vor der Säure, die aus dem Magen hochkommt.

*Jede gezeichnete Badewanne steht hier für 55 echte.

SCHWER-GEWICHT

Der Körper braucht Fett, um gesund zu bleiben. Wenn man sich viel bewegt und nicht mehr isst, als man braucht, nimmt man nicht so leicht zu.

Auf der ganzen Welt aber essen die Menschen immer mehr und bewegen sich immer weniger. Darum leiden mehr und mehr Menschen unter Übergewicht – und das ist ungesund.

Hier findest du alles Wichtige rund ums Thema Übergewicht.

WER?
Ab wann gilt man als übergewichtig?

Als übergewichtig gilt man, wenn die Körpermassenzahl (oder Body Mass Index, BMI) über 25 liegt. Der genaue Wert hängt damit zusammen, wie groß jemand ist und wie viel er wiegt.

WAS?
Warum ist Übergewicht nicht gut?

Es ist nicht schlimm, etwas zu viel zu wiegen. Aber starkes Übergewicht ist anstrengend für den Körper und kann krank machen. Viele bekommen Zuckerkrankheit, Herzprobleme oder sogar Krebs.

WODURCH?
Wodurch wird man zu dick?

Wenn man mehr Kalorien zu sich nimmt, als man an einem Tag verbrennen kann, werden die unverbrauchten Kalorien in Fett umgewandelt. Wenn man regelmäßig mehr isst, als der Körper braucht, lagert sich nach und nach Fett an. Übergewicht heißt, dass der Körper mehr Fett mit sich herumträgt, als gut für ihn ist.

WO?
Wo ist Übergewicht ein Problem?

Übergewicht ist vor allem in Europa und Amerika ein Problem. In Deutschland ist fast jeder Zweite betroffen.

WARUM?
Warum werden wir immer dicker?

Viele Menschen bewegen sich zu wenig und essen zu viel schlechte, süße und fettige Nahrung.

SÜSSMAUL

Früher bewegten sich die Menschen mehr und mussten sich bei der Nahrungssuche sehr anstrengen. Weil sie viel Energie verbrauchten, entwickelten sie eine Vorliebe für kalorienreiche Nahrung wie Süßes und Fettiges.

DIE AUGEN GRÖSSER ALS DER MAGEN

Diese Vorliebe für Süßes und Fettiges haben wir also geerbt. Aber heute bewegen wir uns viel weniger.

ÜBER-LEBENSGROSS

Die Kalorien, die wir nicht verbrauchen, werden zu Fett umgewandelt. Rund um den Globus sind die Menschen darum heute dicker als früher.

Kalorien

Fett

Zwar leiden etwa 13% der Menschen auf der Welt Hunger, ...

... aber trotzdem sterben heute weltweit mehr Menschen an den Folgen ihres Übergewichts.

59

DAS SKELETT

Dein Körper wird vom Skelett gehalten, ein Gerüst aus 206 Knochen. Diese arbeiten mit den Muskeln, Gelenken, Bändern und Sehnen zusammen. Alles zusammen nennt sich Stütz- und Bewegungsapparat.

Muskeln und Knochen haben aber auch noch andere Aufgaben. Die Knochen schützen lebenswichtige Organe wie Herz und Lungen, sie stellen Blutzellen her und speichern Mineralien, die der Körper braucht.

Die Muskeln halten warm, sorgen dafür, dass das Herz schlägt, dass sich die Augen scharf stellen und es mit der Verdauung klappt.

Dieses kunstvolle System hat sich über die Jahrtausende hinweg entwickelt und sich der Lebensweise des Menschen angepasst, während er sich von allen Vieren auf zwei Beine aufrichtete.

Schau dir genau an, wie deine Knochen und Muskeln dich aufrecht halten.

DAS MENSCH-LICHE SKELETT

Die 206 Knochen in deinem Körper bilden zusammen das Skelett. Dabei hat jeder Knochen seine Aufgabe: manche schützen die Organe, andere sind unverzichtbar für die Bewegung.

OHR

Im Ohr befindet sich der kleinste Knochen des Körpers. Der Steigbügel gehört zu den Gehörknöchelchen und trägt dazu bei, Geräuschsignale ans Gehirn zu übermitteln. Er ist nur 3 mm lang, so groß wie ein Reiskorn.

GESICHT

Das Gesicht setzt sich aus 11 Knochen zusammen. Dazu gehören auch die Kieferknochen. Das sind die härtesten Knochen des gesamten menschlichen Skeletts.

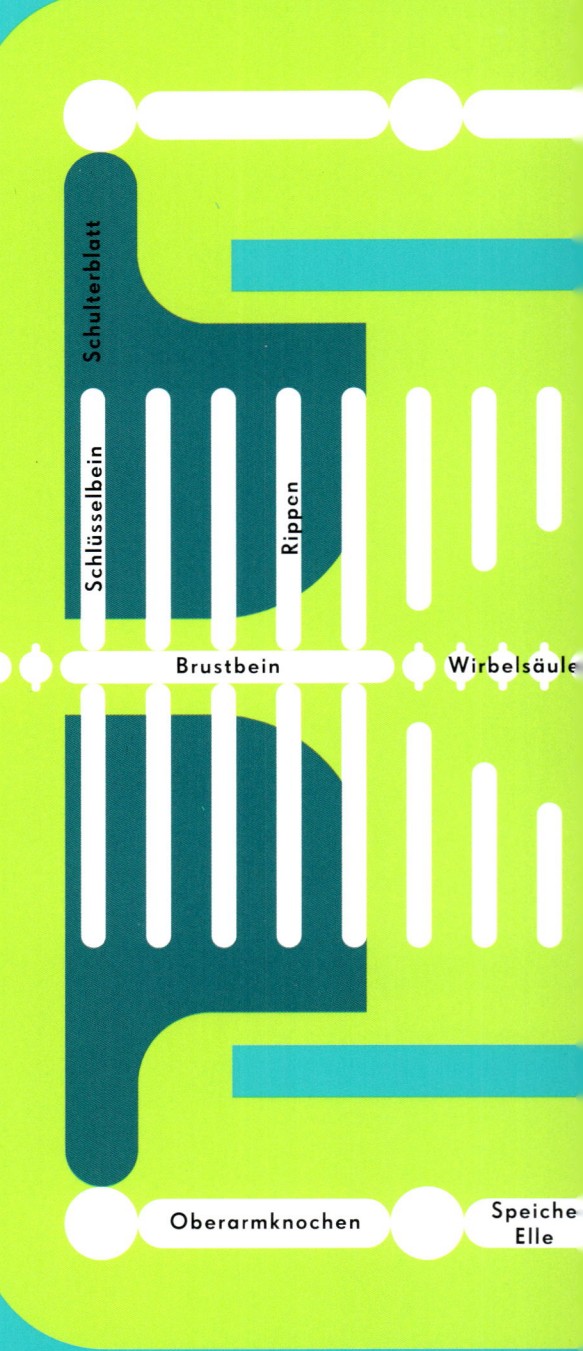

Schulterblatt

Schlüsselbein

Rippen

Schädel

Unterkiefer

Brustbein

Wirbelsäule

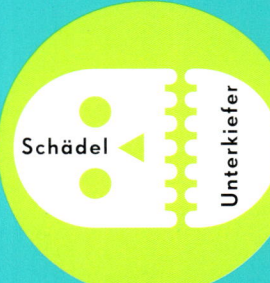

SCHÄDEL

Der Schädel besteht aus 22 Knochen.

Im Schädel finden sich zwei verschiedene Arten von Knochen: Die Gesichtsknochen vorne und die Schädel-knochen hinten. Der Schädel schützt das Gehirn und besteht aus 8 Knochen.

Bei der Geburt sind die Schädelknochen noch nicht zusammengewachsen. Sie sind erst nach zwei Jahren fest miteinander verbunden.

SCHULTER

Schlüsselbeine und Schulterblätter bilden den Schultergürtel. Im Schultergelenk ist der Oberarm befestigt.

Als einziger Knochen ist das Schlüsselbein mit dem Brustkorb verbun-den.

WIRBELSÄULE

Die Wirbelsäule besteht aus 33 Knochen, den Wirbeln. Sie schützen das Rückenmark und sorgen dafür, dass du aufrecht stehen kannst.

Oberarmknochen

Speiche
Elle

62

BECKEN

Der Beckenknochen ist am Kreuzbein mit der Wirbelsäule verbunden. Das Kreuzbein besteht aus fünf miteinander verwachsenen Wirbeln.

Bei Frauen ist das Becken flacher und breiter als bei Männern, damit das Baby bei der Geburt leichter hindurchkommt.

BEINE

Die längsten Knochen im Körper befinden sich in den Beinen. Die Kniescheiben schützen das Kniegelenk und die Knochenansätze, die dort zusammentreffen. Bei der Geburt haben wir noch keine Kniescheiben, sondern nur Knorpel. Dadurch sind die Beine gelenkiger.

Oberschenkelknochen — Kniescheibe — Schienbein — Mittelfuß — Zehen — Fußwurzel

Kreuzbein
Steißbein

Becken

STEISSBEIN

Das Steißbein haben wir von unseren Vorfahren, den Affen, geerbt. Es ist der Überrest vom Schwanz!

RIPPEN

Die Rippen sind wie ein Tresor. Sie schützen lebenswichtige Organe wie das Herz und die Lungen.

FÜSSE

Die Füße bestehen jeweils aus 26 Knochen. Sie sorgen dafür, dass der Fuß sehr beweglich ist.

Mittelhand
Finger
Handwurzel

ARME

Ober- und Unterarm treffen sich im Ellbogengelenk. Es verbindet Elle und Speiche und sorgt dafür, dass du Hand und Unterarm um mehr als 180 Grad drehen kannst.

HÄNDE & FÜSSE

Über die Hälfte der Knochen befinden sich in den Händen und Füßen. Sie sind ähnlich gebaut, aber die Füße haben sich so entwickelt, dass man aufrecht stehen kann. Die Hände sind dagegen auf Geschicklichkeit spezialisiert.

HÄNDE

In jeder Hand hast du 27 Knochen. Jeder Finger hat drei Glieder, der Daumen zwei. Die Finger sind mit den fünf Mittelhandknochen verbunden. Daran schließt die Handwurzel an, sie besteht aus acht Knochen.

GELENKE

· · · · · · · · · · · · · · · · · ·

Ohne Gelenke wäre dein Körper ganz schön steif! Du könntest dich schließlich gar nicht bewegen und noch nicht einmal wachsen. Was haben die Gelenke alles zu bieten?

WACHSTUM

Du kannst sie zwar nicht bewegen, aber selbst im Schädel hast du Gelenke. Sie lassen dem Gehirn so viel Platz, wie es braucht.

Auch andere Gelenke sind so gebaut, dass du wachsen kannst. Zum Beispiel können deine Beine dank der Knie länger werden.

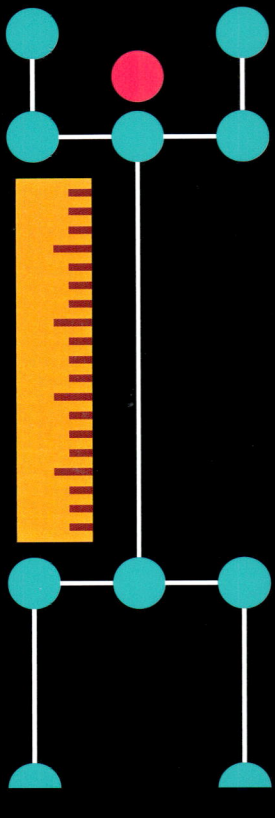

BEWEGUNG

Dank der Gelenke lassen sich die Gliedmaßen in verschiedene Richtungen bewegen.

Scharniergelenke wie der Ellbogen erlauben Bewegung in eine Richtung. Kugelgelenke und Gelenkpfannen (Handgelenk und Schulterblatt) drehen in alle Richtungen.

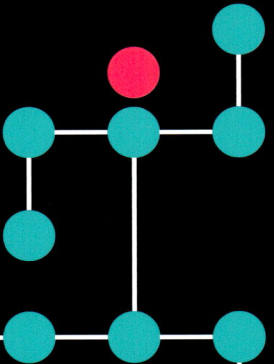

ELASTISCH

Deine Gelenke sind elastisch, sie federn auch Stöße ab. Sonst würde es dir viel mehr wehtun, wenn du hinfällst.

Gelenke werden von Sehnen und Bändern gestützt. Sie sorgen dafür, dass du die Gelenke nicht verdrehst.

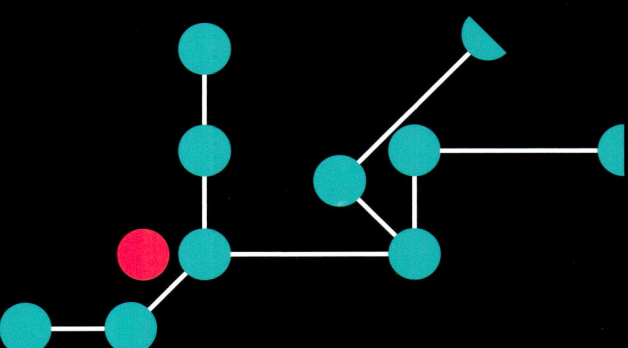

STÜTZE

Gelenke verbinden die Knochen miteinander. Sie stützen den Körper und halten ihn, damit er nicht glibbrig ist wie eine Qualle.

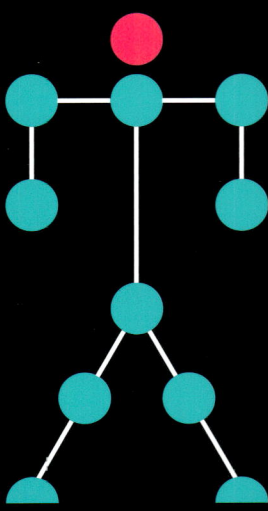

GELENKE

Es gibt drei Arten von Gelenken. Sie unterscheiden sich durch das Material, das sie zusammenhält.

SPRUNGBEREIT

Jede Bewegung kann dein Körper dank seiner **echten Gelenke** ausführen.

Diese sind von Knorpel und einer Kapsel mit Gelenkflüssigkeit umschlossen.

Die Flüssigkeit federt den Druck ab, der zwischen den Knochen entstehen kann.

Die Gelenkflüssigkeit verhindert auch, dass die verschiedenen Knochen im Gelenk gegeneinander reiben.

Echte Gelenke

Verbindungen aus Bindegewebe

Knorpelige Verbindungen

NAHTLOS

Die Knochen im Schädel werden von **Gewebe-Verbindungen** zusammengehalten. Diese Nähte heißen Sutur. Bei der Geburt sind die Suturen noch nicht geschlossen.

Wenn du wächst, werden die Verbindungen fester. Mit ungefähr 20 Jahren sind die Nähte geschlossen und die Schädelknochen für immer verbunden.

GLEITFÄHIG

Einige Knochen sind am Ende mit einer Knorpelschicht bedeckt. Das gleitfähige, feste Material macht die Gelenke elastisch. Auch die Wirbel im Rücken werden durch solche **knorpeligen Verbindungen** zusammengehalten.

Im Alter können Knorpel verhärten. Das geschieht häufig im Knie und ist schmerzhaft.

KNOCHEN-HART

Deine Knochen haben es in sich. Jeder einzelne besteht aus vielen verschiedenen Schichten.

KOMPAKT

Außen ist der Knochen fest und kompakt. Winzige Löcher in der festen Substanz lassen Blutgefäße und Nerven hindurch.

VERHÜLLT

Die äußerste Schicht der Knochen ist die dünne Knochenhaut. Sie ist durchzogen von Blutgefäßen und Nerven. Sie versorgen den Knochen mit allen wichtigen Nährstoffen.

SPONGIOSA

Im Inneren des festen Knochens befindet sich eine schwammartige Substanz (Schwamm heißt auf Lateinisch »spongia«). Darin ist das Knochenmark enthalten.

KNOCHEN-MARK

Diese weiche, gelee-artige Masse findet sich in den Hohlräumen der Spongiosa. Es bildet die Blutplättchen und jeden Tag bis zu 500 Milliarden rote und weiße Blutkörperchen.

SCHWERST-ARBEIT

Die sechs Hauptaufgaben des Skeletts:

Stützung

BEWEGUNG
Muskeln und Gelenke arbeiten zusammen, damit du dich bewegen kannst.

Bewegung

STÜTZPFEILER
Das Skelett ist das Gerüst des Körpers, und es gibt ihm seine Form.

BLUTFABRIK
Die Blutzellen werden im Knochenmark produziert.

Blut

Schutz

VERTEIDIGUNG
Das Knochengerüst schützt alle lebenswichtigen Organe, auch Herz und Gehirn.

AUSGLEICH
Zusammen mit dem Magen und der Leber sorgen die Knochen für einen ausgewogenen Calciumhaushalt.

Speicher

Gleichgewicht

LAGERUNG
Die Knochen speichern Calcium, Eisen und andere Mineralien.

MUSKEL-
MENSCH

Dein Körper braucht die Muskeln für viele verschiedene Dinge:

HITZE

Ganze 70% der Körperwärme werden von den Muskeln erzeugt. Bewegung und Training lassen die Körpertemperatur steigen, und wenn dir kalt ist, zittern die Muskeln, damit Wärme im Körper entsteht.

GLEICHGEWICHT

Ohne Muskeln könnte niemand das Gleichgewicht halten. Das Innenohr sendet Signale ans Gehirn. Hier wird die Information verarbeitet und an die Muskeln weitergegeben. Sie sorgen dann dafür, dass man aufrecht stehenbleibt.

BEWEGUNG

Die Skelettmuskulatur macht Bewegung möglich: Stehen, Gehen und Heben genauso wie kleine Bewegungen, zum Beispiel des Gesichts: Lächeln oder Stirnrunzeln und Mundbewegungen beim Sprechen.

KRAFT

Je mehr du deine Muskeln trainierst, desto stärker werden sie. Das gilt nicht nur für die sichtbaren Muskeln wie den Bizeps im Arm. Auch von außen unsichtbare Muskeln wie das Herz werden so kräftiger.

MULTITALENT

· · · · · · · · · · · · · ·

Der Körper hat mehr als 600 Muskeln.
Es gibt drei Arten: Skelettmuskulatur,
Herzmuskulctur und glatte Muskulatur.

SKELETT-MUSKULATUR

Die Skelettmuskulatur
besteht aus Muskeln,
die du bewusst steuern
kannst. Durch Bänder
sind sie mit den
Knochen verbunden.
Wenn du die Muskeln
anspannst, ziehen sie
an den Sehnen, und
diese bewegen dann
die Knochen.

HERZ-MUSKULATUR

Das Herz besteht aus
einer ganz besonderen
Muskulatur, die du nicht
willkürlich bewegen
kannst. Vom Brustkorb
aus pumpt der Herz-
muskel das Blut durch
den ganzen Körper. Das
Tempo des Herzschlags
hängt davon ab, ob du
ruhst oder Sport treibst.

GLATTE MUSKULATUR

Die glatte Muskulatur
kannst du nicht bewusst
einsetzen. Sie zieht sich
zusammen und ist für
viele Vorgänge verant-
wortlich: Sie bewegt die
Nahrung durch das
Verdauungssystem, stellt
das Auge scharf, hält
die Blase dich: und
drückt das Baby aus
dem Bauch der Mutter.

Herz

Magen

Blase

Auge

Uterus

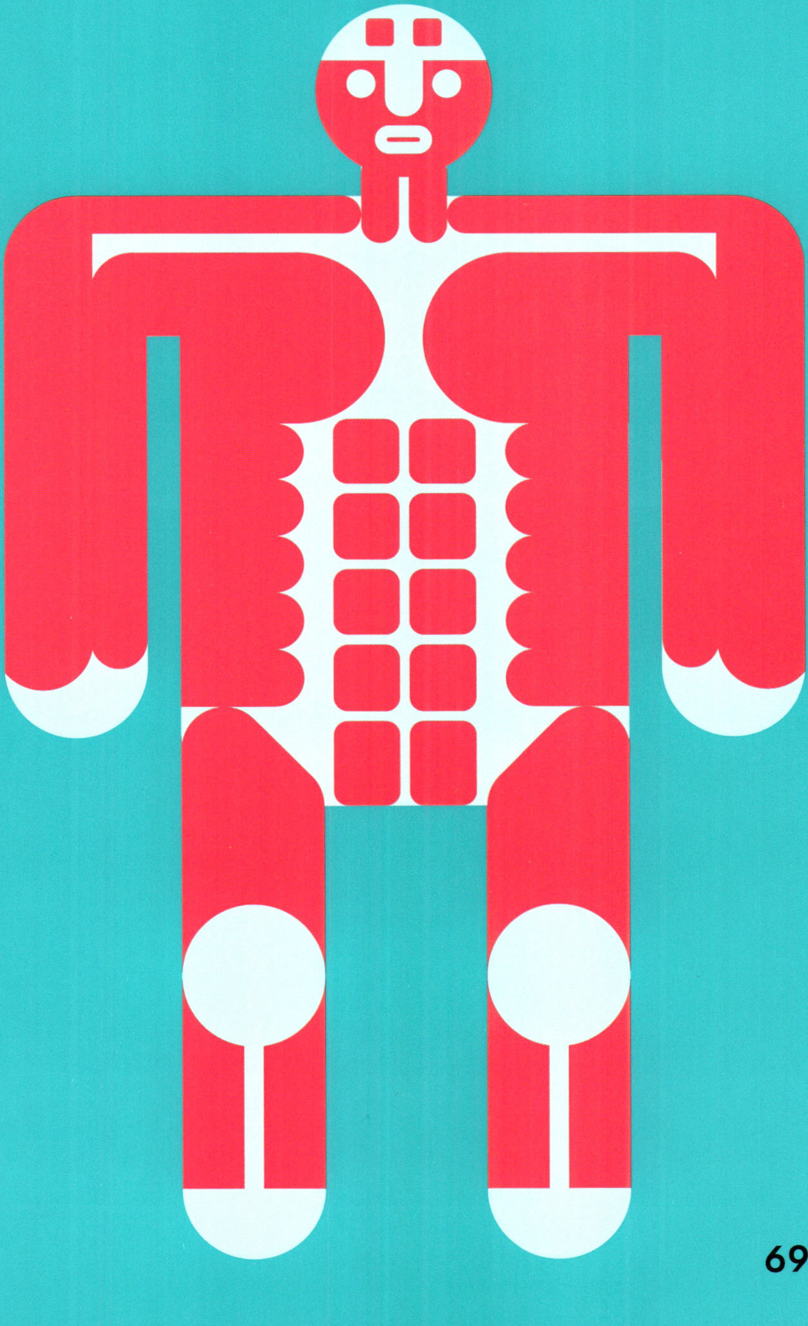

AUFRECHTER GANG

Alle Wirbeltiere haben eine Wirbelsäule. Was macht unsere besonders?

STARKE SÄULE

Alle Tiere, die eine Wirbelsäule haben, heißen Wirbeltiere. Es gibt 64000 Arten. Der Mensch ist eine davon.

Der Bau der Wirbelsäule ist bei den meisten Arten sehr ähnlich. Nur bei wenigen ist sie so geformt, dass das Stehen auf zwei Beinen möglich ist.

RÜCKENMARK-KANAL

Die Wirbel sind hohl und schützen einen Nervenstrang, das Rückenmark.

DORNFORTSATZ

An diesem flügelförmigen Fortsatz sind Bänder und Muskeln befestigt.

WIRBELKÖRPER

Dies ist der größte Teil des Wirbels. Er hat eine ovale Form.

BANDSCHEIBE

Diese knorpelige Schicht verbindet die Wirbel untereinander und dient gleichzeitig als Stoßdämpfer.

WIRBEL UNTER DER LUPE

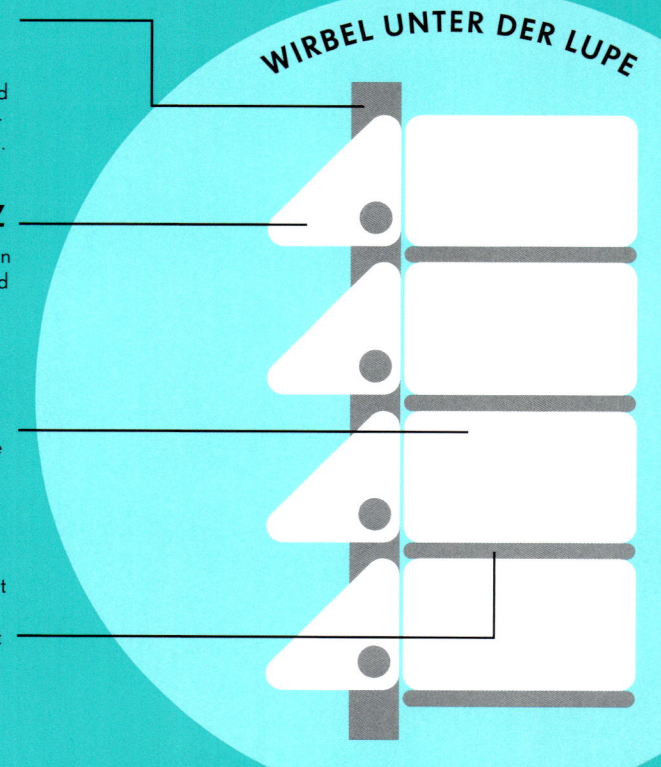

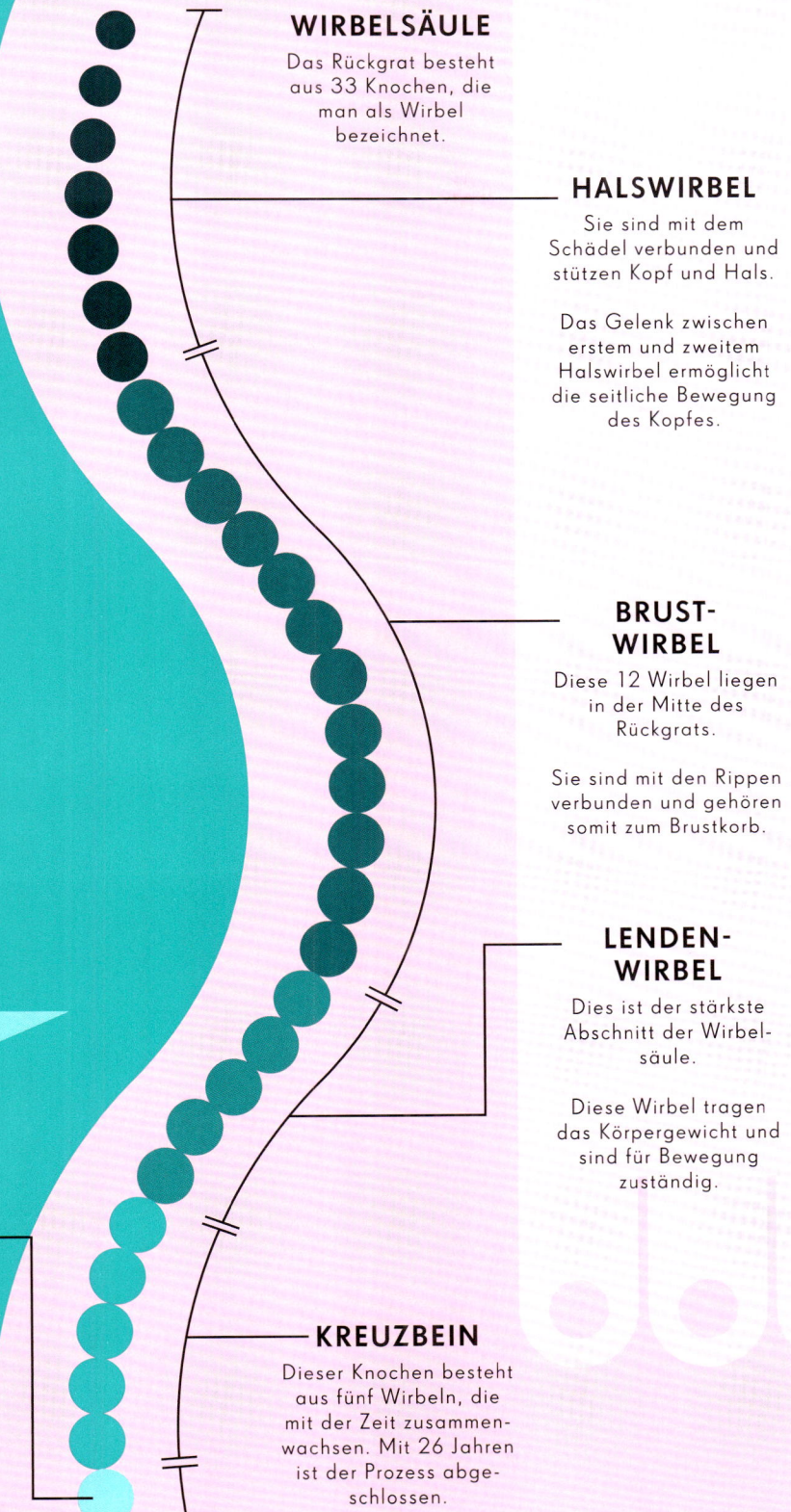

FRÜH KRÜMMT SICH

Als der Mensch lernte zu gehen, hat die Wirbelsäule die Form eines doppelten S angenommen. So konnte er von vier Beinen auf zwei Beine »umsteigen«.

Im oberen Bereich ist das Rückgrat nach vorne gekrümmt, unten nach hinten.

DREHSCHMERZ

Viele Menschen haben Rückenprobleme wegen der Form ihres Rückgrats.

Unsere Arme schwingen bei jedem Schritt mit. Dadurch wird die Wirbelsäule gedreht.

Darunter leiden die Bandscheiben zwischen den Wirbeln. Sie werden abgenutzt, und die Wirbel reiben aneinander. Das schmerzt.

STEISSBEIN

Dieser Knochen besteht aus vier zusammenge-wachsenen Wirbeln.

Das Steißbein erinnert daran, dass die Vorfahren des Menschen einen Schwanz hatten.

Beim Sitzen unterstützt dieser Teil der Wirbel-säule den Körper.

WIRBELSÄULE

Das Rückgrat besteht aus 33 Knochen, die man als Wirbel bezeichnet.

HALSWIRBEL

Sie sind mit dem Schädel verbunden und stützen Kopf und Hals.

Das Gelenk zwischen erstem und zweitem Halswirbel ermöglicht die seitliche Bewegung des Kopfes.

BRUST-WIRBEL

Diese 12 Wirbel liegen in der Mitte des Rückgrats.

Sie sind mit den Rippen verbunden und gehören somit zum Brustkorb.

LENDEN-WIRBEL

Dies ist der stärkste Abschnitt der Wirbel-säule.

Diese Wirbel tragen das Körpergewicht und sind für Bewegung zuständig.

KREUZBEIN

Dieser Knochen besteht aus fünf Wirbeln, die mit der Zeit zusammen-wachsen. Mit 26 Jahren ist der Prozess abge-schlossen.

71

MASCHINE MENSCH

Dein Körper ist unglaublich produktiv, er bringt Flüssigkeiten wie Speichel und Schweiß hervor, damit du immer die richtige Temperatur hast, gut mit Nährstoffen versorgt bist und keine Infektionen bekommst.

Durch diese Prozesse entstehen auch Nebenprodukte, die man loswerden muss. Ob flüssig, fest oder gasförmig – der Körper hat seine Wege, alles zu entsorgen. Nicht immer ohne komische Geräusche und Gerüche, versteht sich.

Im Laufe eines durchschnittlichen Lebens kommt einiges davon zusammen. Und du wirst staunen, was man damit alles machen kann!

Weil es warm und feucht im Körper ist, halten sich auch Bakterien, Viren und sogar Parasiten gerne dort auf und vermehren sich. Wenn du dich leicht ekelst, schaust du dir die folgenden Seiten lieber nicht allzu genau an ...

Wenn du tapfer bist, blättere jetzt weiter zu den Fakten über die menschliche Fabrik.

VIEL HEISSE LUFT

Sicher weißt du schon, dass der Mensch (wie viele andere Tiere auch) Gas produziert. Und zwar bis zu einem Liter am Tag!

GASSCHLEUDER

Luft, die du durch den Mund aufgenommen hast, bahnt sich manchmal lautstark ihren Weg nach draußen. Verschiedene Dinge führen dazu, dass man Luft schluckt.

lockeres Gebiss

Getränke mit Kohlensäure

Luftschlucken beim Reden

Kaugummi

Rauchen

DURCHZUG

Gase, die nicht durch den Mund ausgestoßen werden, gelangen ins Verdauungssystem und schließlich durch den Anus nach draußen.

ZERLEGT

Gas entsteht, wenn Nahrung zu schnell in den Dickdarm gelangt und nicht vorher im Dünndarm verdaut werden konnte.

Bakterien im Körper zersetzen die Nahrung, und dabei entstehen Gase wie Wasserstoff, Kohlendioxid und manchmal Methan – das ist sogar brennbar!

STINKIG

Manche dieser Gase riechen ziemlich unangenehm und sorgen beim Austritt für das peinliche Furzgeräusch.

SCHWEISS-GEBADET

Durch Schweiß hält sich der Körper kühl.

ECHT COOL

In deinem Körper geht es zu wie in einem Kühlschrank. Er hält die Temperatur immer möglichst auf 37 °C. Wenn es dem Körper zu warm wird, fängt er an zu schwitzen.

37 °C

KÜHLRÖHRE

Über den ganzen Körper verstreut hast du kleine Schweißdrüsen, das sind Mini-Röhren in deiner Haut.

SOFORT KÜHLEN!

Die Schweißdrüsen reagieren auf Befehle des Gehirns, wenn sie ihre wässrige Flüssigkeit ausstoßen.

SPÜRSINN

Sensoren in der Haut teilen Information an den Hypothalamus im Gehirn mit und dieser benachrichtigt die Schweißdrüsen.

NACHRICHT ANGEKOMMEN

Durch kleine Löcher in der Haut, die Poren, gelangt der Schweiß an die Oberfläche.

GUT GEKÜHLT

Wenn der Schweiß auf der Haut mit Luft in Berührung kommt, verdunstet er. So kommt es zur Kühlung.

DER MENSCH ALS WIRT

Warm, feucht und voller Nährstoffe – der menschliche Körper ist ein idealer Aufenthaltsort für eine Reihe von Lebewesen.

BAUCHFRESSER

Bandwürmer kann man bekommen, wenn man befallenes Fleisch isst oder befallene Ausscheidungen berührt und anschließend den Mund. Bandwürmer leben in den inneren Organen und werden bis zu 9 Meter lang.

EINGEHAKT

Hakenwürmer kommen vor allem in Nord- und Südamerika, Afrika und Asien vor. Man kann sie bekommen, wenn man barfuß auf befallenem Boden geht. Sie setzen sich im Darm fest und ernähren sich von Blut. Sie können zwei Jahre unentdeckt bleiben.

SKALPJÄGER

Kopfläuse nisten sich im Haar ein und legen dicht an der Kopfhaut ihre Eier ab. Eine einzige Laus kann im Laufe ihrer Lebenszeit von 40 Tagen über 100 Eier (Nissen) legen.

Bremsen übertragen in Afrika und Indien oftmals Loa loa, den Augenwurm. Er wächst unter der Haut und frisst sich an verschiedenen Stellen des Körpers durch die Fettschichten.

TUNNELBLICK

VORSTOSS

Der **Guineawurm** kann durch verseuchtes Wasser in den Körper gelangen. Er dringt bis zu den Beinen oder Armen vor und bildet dort eine Blase.

Früher war der Parasit in Afrika verbreitet, aber durch bessere Wasserqualität ist er inzwischen sehr selten geworden.

ELEFANTENBEIN

Es gibt viele verschiedene **Fadenwürmer**, manche werden von Moskitos übertragen und sind in den Tropen und Subtropen verbreitet. Sie führen dazu, dass die Beine oder Arme stark anschwellen.

Man bekommt die Krankheit Elephantiasis, wenn man über lange Zeit Stiche bekommt.

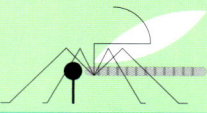

G E G E N D E N S T R O M

Candirus oder auch Vampirfische sind winzige Fische im Amazonasbecken. Aber es ist wohl eher ein Gerücht, dass sie in die Harnröhre schwimmen, wenn man unter Wasser uriniert.

Zecken schieben ihren Stechrüssel unter die Haut und trinken das Blut. Sie leben überall auf der Welt und befallen den Menschen in der Nähe von Vieh, im Wald oder im hohen Gras.

77

FLIESSBAND

Der normcle Mensch ist eine regelrechte Fabrik, so viele verschiedene Stoffe produziert er. Hier ist eine Zusammenstellung.

VOLLBART

Wenn sich ein Mann nie rasieren würde, wäre sein Bart irgendwann bis zu 4 Meter lang.

HATSCHI!

Beim Niesen stößt die Nase mit bis zu 160 km/h ungefähr 40 000 Tröpfchen aus.

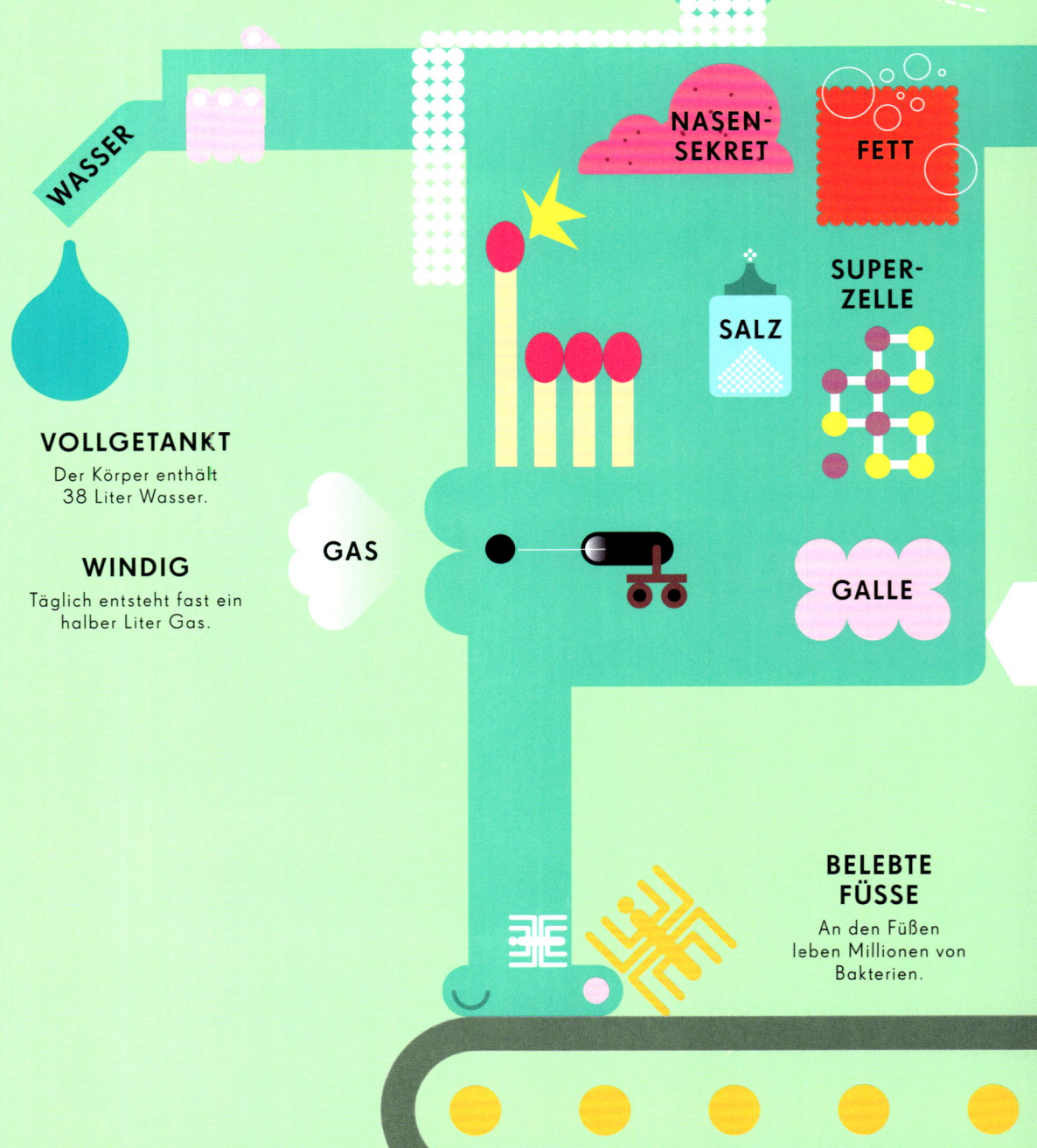

WASSER

NASEN-SEKRET

FETT

SALZ

SUPER-ZELLE

GAS

GALLE

VOLLGETANKT

Der Körper enthält 38 Liter Wasser.

WINDIG

Täglich entsteht fast ein halber Liter Gas.

BELEBTE FÜSSE

An den Füßen leben Millionen von Bakterien.

HITZIG

In einer halben Stunde wird genug Hitze erzeugt, um 1,9 Liter Wasser zum Kochen zu bringen.

SAUBER

Die Menge an Fett würde reichen, um sieben Stück Seife herzustellen.

EINE PRISE

Ungefähr 113 Gramm Salz (Natriumchlorid) enthält der Körper.

FLOHFREI

Der Körper produziert genug Schwefel, um damit alle Flöhe auf einem Hund zu töten.

ZELLWERK

Pro Minute entstehen 300 Millionen neue Zellen.

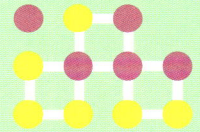

MITSCHREIBEN

Der im Körper enthaltene Kohlenstoff würde für 900 Bleistiftminen reichen.

GALLIG

Der Körper produziert mehr als 600 Milliliter Galle am Tag.

KOHLENSTOFF

KANONEN-FUTTER

Der Kaliumgehalt des Körpers genügt, um eine Spielzeugkanone abzufeuern.

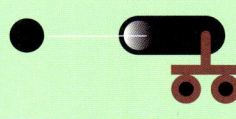

ZÜNDER

Mit dem Phosphor im Körper könnte man 2200 Streichholzköpfe herstellen.

ROTZIG

Täglich produziert der Körper bis zu 1 Liter Nasensekret.

Titel der Originalausgabe: *Human Body*
Die englische Originalausgabe ist 2014 bei Big Picture Press, einem Imprint von
The Templar Company Limited, in Großbritannien und Australien erschienen.
Illustration Copyright © 2014 Nicholas Blechman
Text Copyright © 2014 Simon Rogers
Design Copyright © 2014 The Templar Company Limited
Design: Joe Hales
Lektorat: Jenny Broom

Ein großes Dankeschön an Dr. Alec Broom und Ami Sedg=i

Deutsche Erstausgabe
Copyright © 2014 von dem Knesebeck GmbH & Co. Verlag KG, München
Ein Unternehmen der La Martinière Groupe

Umschlaggestaltung: Leonore Höfer, Knesebeck Verlag
Produktion der deutschen Ausgabe: Textilien. Lektorat und Producing
Barbara Delius, Berlin

Printed in China

ISBN 978-3-86873-691-5

Alle Rechte vorbehalten, auch auszugsweise.

www.knesebeck-verlag.de

• •

Peter Grundy besuchte in den späten 1970er-Jahren das Royal College of Art in London. Seither hat er zu einer grundlegenden Wandlung von Informationsgrafik und visueller Kommunikation beigetragen. Mit seinem Ansatz bereitet er komplexe und erstaunliche Informationen einfach, elegant und klar auf. Zu seinen Kunden gehörten Shell Oil, Moët & Chandon, Royal Mail, *Guardian G2*, Red Bull F1 Team und Volkswagen.

Simon Rogers war Entwicklungsredakteur von guardian.co.uk/data, der weltweit wohl bekanntesten Website für Datenjournalismus und Online-Datenquelle. Durch die Bereitstellung Hunderter von Rohdaten regt sie Nutzer zu Visualisierungen und Analysen an. Derzeit arbeitet Rogers als erster Datenredakteur bei Twitter in San Francisco.